興福寺の365日

興福寺
執事／境内管理室長
辻明俊

西日本出版社

はじめに

二〇一一（平成二三）年十一月十三日　慈恩会《じおんね》

張り詰めた空気の中、

法相宗《ほっそうしゅう》住位《じゅうい》ノ僧《そう》　明俊《みょうしゅん》　登高座《とうこうざ》　登高座

声が響き渡る。

今から九年前、平安時代から続く口頭試問「竪義《りゅうぎ》」に挑むことができた。竪義というのは、今日でいう資格試験であり、近年においては、法相宗の子院住職となるための階梯《かいてい》としての命題になっている。

法相宗の竪義は、自らの意思によって挑めるわけではない。興福寺の場合は、入山してから十年を目安にするが、その判断は師匠に委ねられる。また竪義は一生に一度しか受けることを許されない。そして、万一失敗すれば寺を去る覚悟が求められる。私も失敗すれば当然寺を出ていくつもりでいた。

二時間にわたる竪義は無事に終わり、お堂の外へ出ると空に満月がかかっていた。ほのぼのと照らされた伽藍《がらん》を、軽い足取りで戻ったことを今でも鮮明に憶えている。

興福寺に入山して重ねた月日は二十年となった。千三百年の距離からすれば僅か二十年の道のりであるけれど、ときに坂道、ときに凹凸道、ときに深く入り組んだ道は、平坦な道を歩むより、何事も経験や修学を積むことができた。もちろんその道中では得難い出会いや導きもあった。

中金堂落慶《ちゅうこんどうらっけい》の数年前だったと憶える。命と時間を天秤にかけて、季節の呼び声に耳を傾けるカメラマンの話を聞いたことがあった。興福寺伽藍の映像には命の息吹と躍動があった。その姿を目にしたことはなく、しばらくはレンズの向こうの人であった。会ったこともなかったその人は、過去と未来の物語を「映像詩」と言う。映像の語る記憶は日常であり、その一瞬をつなぐ。本編は私の記憶の引き出しに映像を重ね、豊饒な一冊となった。

この本をまとめるにあたって、根気強く編集に付き合ってくれたマイクロフィッシュの酒井さん、北村さん、全国を営業にまわり本の宣伝をしてくれた西日本出版社の内山さん、そして私のわがままにお付き合いいただくことになった映像作家の保山《ほざん》さん。この場をおかりして、感謝を述べさせていただきます。

二〇二〇（令和二）年八月十七日　辻明俊　九拝

目次

写真協力

飛鳥園　P62、P70、P71、P72、P74、P75、P76、P77、P78、P79、P80、P82、P83上

日本経済新聞社　P63

金井杜道　P66、P67、P121

著者提供　P9、P52、P64、P68、P69、P73、P81、P83下

▶がついているものは、DVDに収録されている映像のシーンです。

イラスト　P91／ちはらすず

興福寺のこと

歴史

興福寺は、六六九（天智天皇八）年に中臣鎌足《なかとみのかまたり》が重い病気を患った際、夫人である鏡女王《かがみのおおきみ》が夫の回復を祈願し、釈迦三尊を安置するために造営した山階寺《やましなでら》を起源とする。壬申の乱のあとに飛鳥に移建され、地名をとって厩坂寺《うまやさかでら》となり、さらに平城遷都の際（七一〇〈和銅三〉年）、藤原不比等《ふじわらのふひと》によって移されるとともに、【興福寺】と改号された。天皇や皇后、また藤原氏の手によって次々に堂塔が建てられ、奈良時代には国の四大寺、平安時代には七大寺の一つに数えられた。特に摂関家（藤原北家）との関係が深かったために手厚く保護され、寺勢はますます盛んになる。平安時代には春日社の実権を手中におさめ、大和一国を領するほどになり、また、鎌倉幕府・室町幕府は大和国に守護を置かず、興福寺がその任に当たった。一五九五（文禄四）年の検地で春日社興福寺合体の知行《ちぎょう》として二万一千余石と定められ、徳川政権下においてもその面目は保たれた。明治時代はじめの神仏判然令《しんぶつはんぜんれい》、廃仏毀釈《はいぶつきしゃく》、寺社領上知令《じしゃりょうあげちれい》などにより興福寺は荒れたが、その後は寺僧・有縁の人々の努力で復興が進展し、新たな興福寺としてその歴史を刻み続けている。

法灯

興福寺は法相教学《ほっそうきょうがく》の寺院として法灯を護持してきた。法相宗の根本教義は弥勒《みろく》が説いた「あらゆる存在は唯だ自己の識（心）の現れにすぎない」とする「唯識《ゆいしき》」の思想。この教えは四～五世紀の北インドの僧である無著《むじゃく》・世親《せしん》の兄弟僧が大成した。その後膨大な仏典を請来《しょうらい》した玄奘三蔵《げんじょうさんぞう》が、インドの護法論師《ごほうろんじ》の解釈をまとめて『成唯識論《じょうゆいしきろん》』を著し、唐で法相宗を形成する。その玄奘に師事した慈恩大師基《じおんだいしき》は特に唯識を学問として体系づけたことによって、法相の宗祖として尊崇されてきた。以降、淄州大師《ししゅうだいし》慧沼《えしょう》・濮陽大師智周《ぼくようだいしちしゅう》へと教学は受け継がれ、濮陽大師に学んだ遣唐僧の玄昉《げんぼう》が興福寺にその教えをもたらした。

中金堂の再建

伽藍《がらん》の中心である中金堂《ちゅうこんどう》は、七一〇（和銅三）年に藤原不比等が発願《ほつがん》して、七一四（和銅七）年に竣工した。平安時代以降、七回もの焼失と再建をくり返したが、江戸時代に再建された中金堂は、本来の姿にはほど遠く、仮堂として建てられたものだった。そこで、一九九一（平成三）年に境内整備委員会を立ち上げ、仮堂のままになっていた金堂を解体し、本格的な天平様式の金堂再建に着手した。発掘調査の結果、おもな礎石は当初のままに残っていることが分かり、創建時の規模を知ることができたうえ、文献その他の資料も多くあって、当初の規模は正面三十六・六メートル、側面二十三メートル、高さ二十一・二メートル、寄棟造《よせむねづくり》、単層・裳階《もこし》付きと分かった。

二〇一八（平成三〇）年、三百年ぶりに甦った中金堂の再建は、創建当初の復元にこだわり、古様《こよう》を守りながら、現代の建築様式を随所に取り入れた。柱や組物、軒の材料など、外部から見えるところはすべて古代の鉋《かんな》、槍鉋《やりがんな》で仕上げをしている。また地震などの災害にも配慮し、建物の強度を高めるため、壁の内部にステンレスの補強金物が組み込まれるなど、現在の耐震構造基準に必要な対策を取り入れた。

中金堂再建のあゆみ

1．基壇発掘　2001年

2．基礎工事　2009～2010年

3．立柱　2010年

4．上棟式　2014年5月26日

5．中金堂　2018年

6．落慶法要　2018年10月7日～11日

興福寺境内図

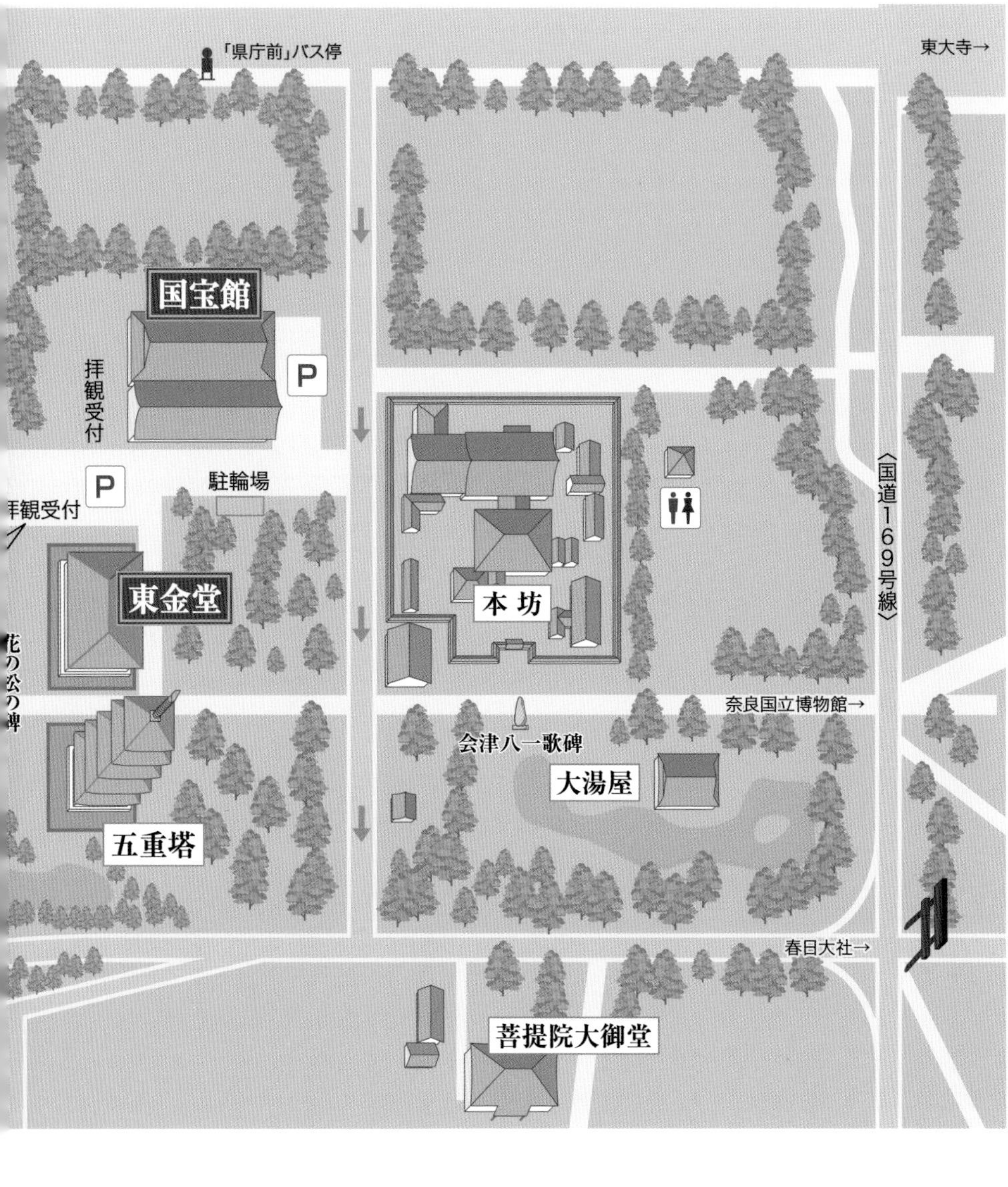
「県庁前」バス停
東大寺→
国宝館
拝観受付
P
P
駐輪場
拝観受付
東金堂
花の込の碑
本 坊
奈良国立博物館→
会津八一歌碑
大湯屋
五重塔
〈国道169号線〉
春日大社→
菩提院大御堂

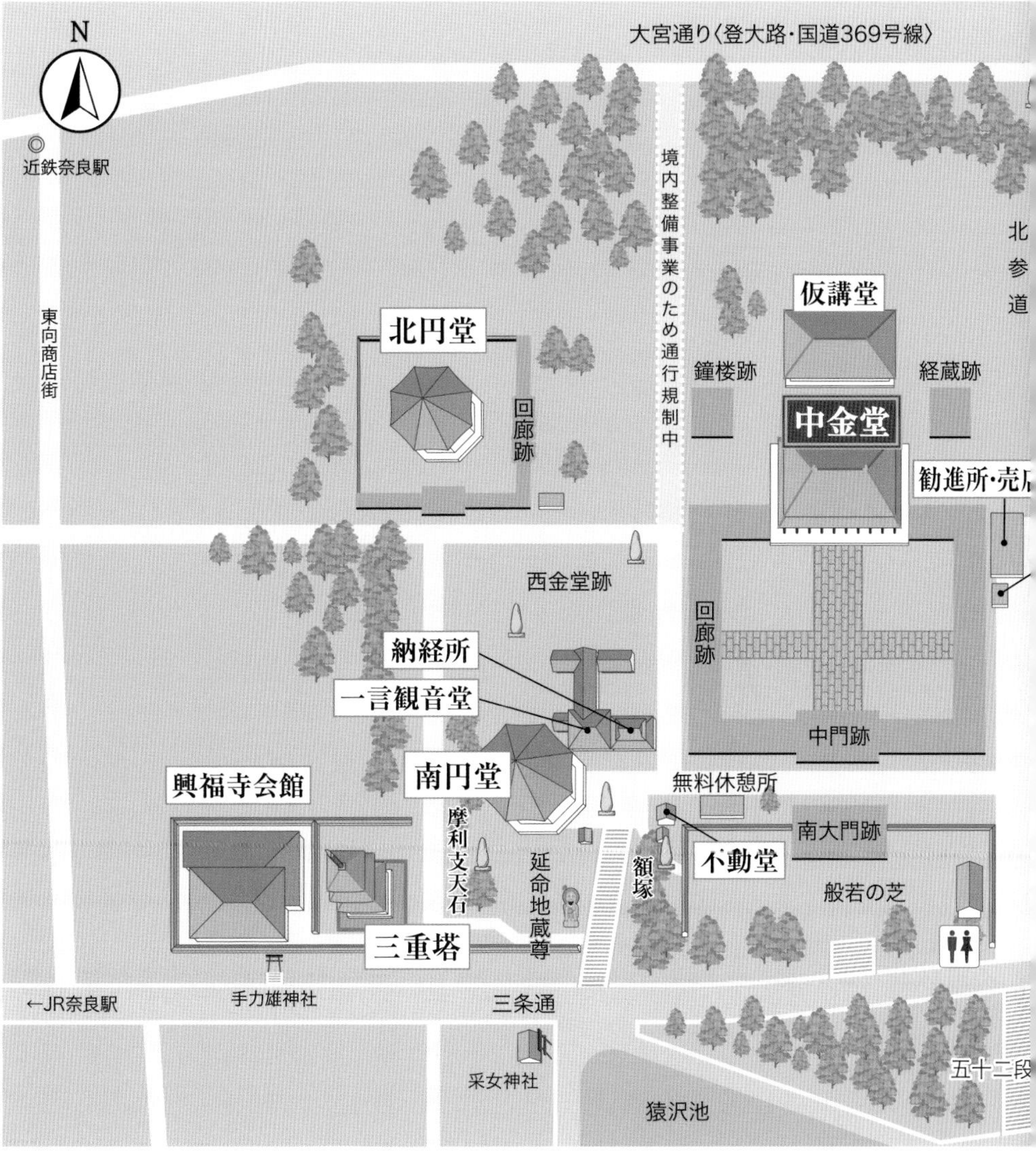
N
大宮通り〈登大路・国道369号線〉
近鉄奈良駅
東向商店街
境内整備事業のため通行規制中
北参道
仮講堂
鐘楼跡
経蔵跡
中金堂
北円堂
回廊跡
勧進所・売店
西金堂跡
回廊跡
納経所
一言観音堂
中門跡
南円堂
無料休憩所
興福寺会館
摩利支天石
延命地蔵尊
額塚
南大門跡
不動堂
般若の芝
三重塔
←JR奈良駅
手力雄神社
三条通
采女神社
五十二段
猿沢池

興福寺周辺図

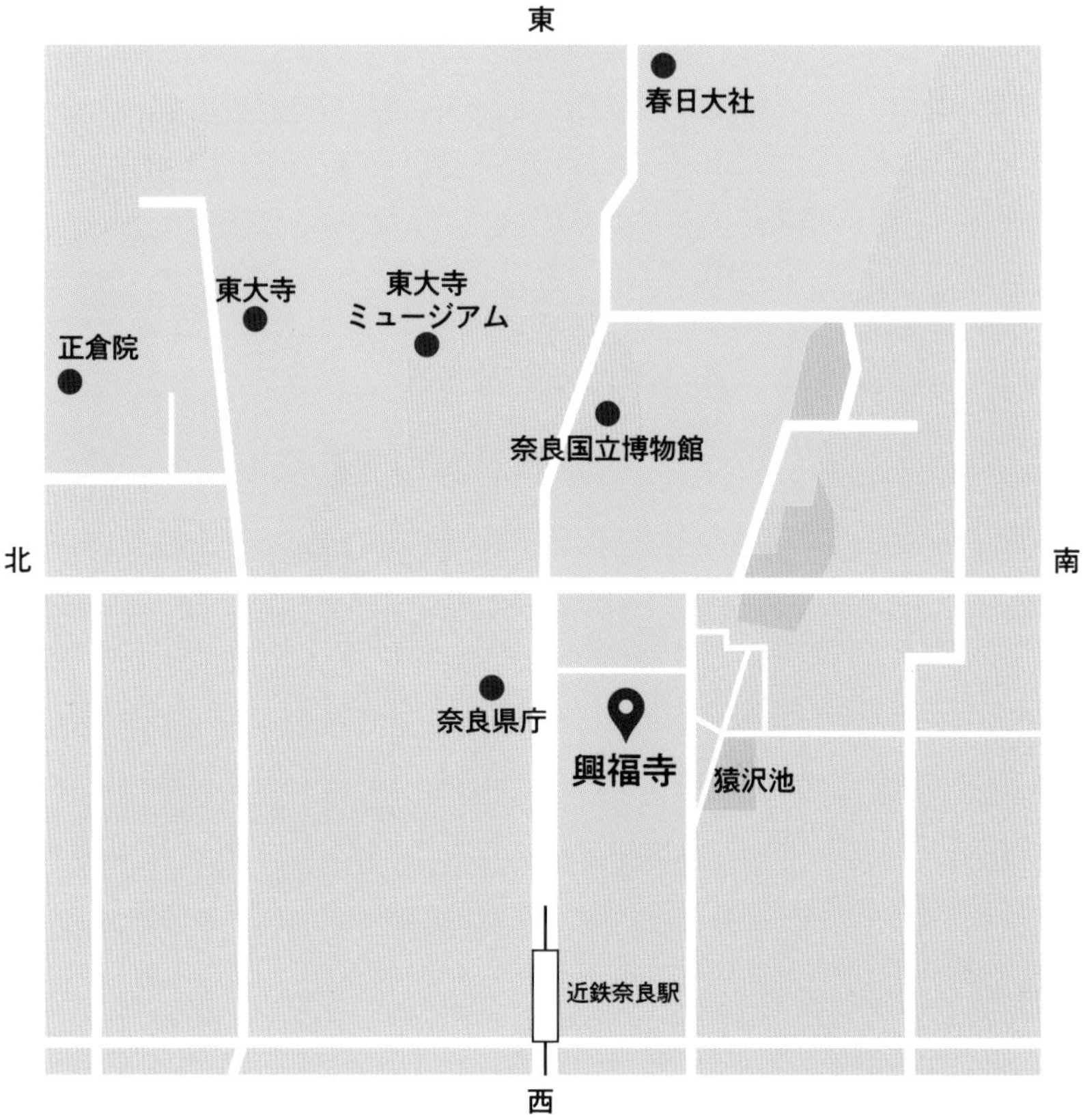

住　所	〒630-8213　奈良市登大路町48番地
アクセス	JR奈良駅よりバスで約7分、徒歩約15分。近鉄奈良駅より徒歩約5分。近鉄奈良駅バス停より徒歩6分。名阪国道・天理ICより車で30分、京奈和自動車道・木津ICより車で15分、第二阪奈道路・宝来ランプより車で約15分。

興福寺と私と修行

興福寺との出会い

　どうしてお坊さんになったのか？　よく聞かれる質問の一つである。私の場合は、大阪・平野に本山がある※融通念仏宗《ゆうずうねんぶつしゅう》に所属する寺の生まれであり、小学生の時に僧侶としての戒律を授かる「得度《とくど》」を自然と受けていたように心覚する。しかし中学生になると、父のあとについてお盆の棚経《たなぎょう》や法事《ほうじ》の手伝いをするのが嫌で仕方がなかった。お檀家参りの道すがら同級生に見つからないか、キョロキョロ、ソワソワしながら不慣れな衣で自転車に乗っていたら、やっぱり見られてしまい、塞ぎこんだこともあった。

　高校に入ってからは実家が寺であることを押し隠した。それでも手伝いは続けていたので、まだまだ未熟ではあったが、それなりにお経は読めるようになっていたと思う。ただこのころは、一年間オーストラリアへ留学していたこともあって、語学をさらに学びたいと思っていた。ところが父から、散々好きなことをやったんだから、大学は仏教系を選択するよう強く言われ、甘やかされ続けてきた負い目から、大谷《おおたに》大学仏教学科を受験することにした。

それまで仏教学を本格的に学んだことのなかった私にとって、大谷大学への進学は大きな転機となり、そして寺の出身を隠す必要がないことは気持ちを軽くした。遊びほうけていた高校生の時とは正反対、月曜から金曜まで毎日欠かさず大学へ通い、コンパにサークル、そんなものとは全く無縁のまじめな大学生活。朝起きて電車に乗り、夕方に大学を出て家に戻るという修行僧のような学生だった。友達などいないどころか「他人と交わらない」というなんとも奇妙な誓願を立てて、学食では四年間【他人丼】を食べ続けた。そんな甲斐？もあってか、三回生のころには、大学院へ進み将来は大学に残りたいとも考えるようになっていた。

従順な大学生活を送り、大学院への進学を思い描く一方で、海外を旅することにものめり込み、異国での暮らしに憧れを抱いた。周りの学生のように慌てて職を探さなくとも将来、実家を継げる。そんな気楽な立場は夢をちらつかせた。卒業後の道を決めかねていたとき、偶然にも「興福寺国宝特別公開」の運営スタッフ募集の広告を目にして、これはうってつけと思い応募した。仕事の内容は参拝者への説明など。仏教系の大学、そしてお寺の生まれということをアピールしたことが功を奏し、難なく採用された。

バイトも中盤になったころ、定期的に特別公開の様子を見に来る電通マンから「俺がお寺とつないでやるから」と訳の分からないことを言われ、本坊（寺務所）へ連れていかれたことがあった。玄関を開けると、「お、君がお寺の息子さん、噂は聞いているよ」。はつらつとしたお坊さんから声をかけられて、それから何かと理由をつけては本坊へ呼ばれるようになった。蔵から物を境内へ運んだり、なぜか興福寺の経本を渡されたり、たくさんいたアルバイトの中で特別扱いされているように感じ、今になって振り返れば、ひどく浮かれた日々であったことは確かである。恥ずかしい――。

三週間の特別公開最終日、ささやかな打ち上げが催された。そこで、あのはつらつとした和尚から、「君、明日から暇なら、もう少し手伝いに来ないか。ほら、明日のお昼はカレーだし、食べに来なよ」和《にこ》やかに声をかけられた。もう少しバイトを続けることができると思い込み「よろしくお願いします」と即答した。

翌日、両親から手土産を持たされ、お昼を食べるために興福寺へと出かけた。目当てのカレーを食べたあと、少し手を貸してほしいと頼まれ境内へ出ると、なぜか公開が終了したばかりの五重塔初層が開いている。そこに今まで一度も見たことのない厳しい顔をした僧侶と新聞記者がいた。聞けば取材のため今から五重塔の最上層まで上

Movie of Eizoshi Tenpyo no Inori/Koichi Hozan

祈りの瞬間

がるという。特別公開でお世話になった若いお坊さん（のちに兄弟子となる多川良《りょう》俊《しゅん》）から「二層目は光が入らないので二人と一緒にのぼり足元を照らして欲しい」と言われ、赤色の懐中電灯を手渡された。

まさか上がれるとは夢にも思っていなかったので、喜んで引き受けた。ちなみに厳しい顔をした僧侶というのは、のちに私の師匠となる多川俊映《たがわしゅんえい》であった。

※融通念仏宗……畿内一円に根付いた宗門であり、宗の歴史は浄土宗より少し古く、天台声明中興（てんだいしょうみょうちゅうこう）の祖として称えられる良忍上人（りょうにんしょうにん）が一一一七（永久五）年に開宗した。

不変の光と風

Movie of Eizoshi Tenpyo no Inori/Koichi Hozan

仏縁が導く未来

改めて、私の名前は辻明俊《つじみょうしゅん》。師匠は多川俊映《たがわしゅんえい》、当山の住職は森谷英俊《もりやえいしゅん》、そして私の兄弟子は多川良俊《たがわりょうしゅん》。私がバイトでお世話になった当時、およそ二万五千坪の大伽藍には現役の僧侶が三人しかいなかった。この寺は僧侶をまったく見ない、そう思っていたら、見ないのではなく、〝いない〟のであった。さて、何かお気づきになることはあるだろうか。そう、みな【俊】の一文字が入っているのである。

私の名は、祖父が将来は南都の寺に学び、立派な学侶《がくりょ》になってほしいという願いを込め、東大寺長老・狭川明俊《さがわみょうしゅん》師（第二二三世別当狭川普文《ふもん》師の祖父）のお名前をいただき、明俊と名付けられた。先に触れた実家の寺は興福寺から二駅のところにあり、堂と庫裏《くり》（いずれも室町時代建立）は明治初年に興福寺子院の一つ【喜多院《きたいん》】から移築された歴史がある。私が小学校に上がるタイミングで父が祖父の寺を継ぎ、それから数年のちに文化財指定を受けることになった。境内には由緒の書かれた高札が立てられ、そんな理由もあって五重塔の寺と関係している、その程度は子供のころから何となく理解していた。

実家が興福寺子院から移築された建物であり、祖父が私に南都の僧侶になることを念じていた。特別公開のバイト後も何かの縁と思って、しばらくは行事や掃除などを手伝い、時には法要にも出仕した。いよいよ大学卒業後の進路を考えるにあたって、大学院を目指すか、それとも海外か、どちらの扉を開けるべきか迷い悩んでいたとき、「興福寺は奈良時代からの学問寺、大学で学ばなくともここで勉強ができる。それに君は自分の意志でたどり着いたのではなく、私が呼んだわけでもない。これは仏縁《ぶつえん》。仏さまが手を引いてくれたにちがいない」。そのような言葉をかけてくれたのが、森谷英俊貫首《かんす》※（当時は執事長《しつじちょう》）であった。

何はともあれ興福寺へ奉職することになったわけであるが、勉強はそっちのけで広報や商品開発、企画事業の面白さにはまり込んでしまい、学問が疎かになっているのが目下の悩みである。草葉の陰で祖父は呆れているかもしれない。ただ、三百年ぶりの中金堂落慶、この先予定されている五重塔修理。伽藍の中心に立ち見渡せば、「天平の文化空間の再構成」は始まったばかりだ。長い歴史の中、この時機に結び付ける僧侶はほんの一握り。今日までのことは偶然の演出でもなく、天意と受け止めたい。

※貫首……興福寺住職

行《ぎょう》と胃の叫び

私が加行《けぎょう》に入ったのはまだ二十代前半であった。食べ盛りはとっくに過ぎていたが、夕飯抜きの行生活は堪えた。とにかく毎日お腹が空いていた(笑)。近所の食堂に貼ってあったソフトクリームのポスターは刺激的で、毎朝の諸堂参拝の際、そこを通るたびにゴクリと生唾を飲み込んだ。こらえた空腹は夕方六時の鐘が鳴る頃がピークで、それを過ぎると腹の虫は空っぽの胃をキリキリ刺激して毎晩なかなか眠ることができなかった。

朝食はお粥と梅干二つ、そして一つまみの塩。一口目のお粥は全身の細胞が栄養を奪い合うかのように五臓六腑《ごぞうろっぷ》に染み入った。一杯目は箸の先端につけた塩で、二杯目、三杯目は梅干し、四、五杯目は再び塩、六杯目は梅干しの種を口に放り込み、粥をかきこんだ。胃の叫び声にまかせてどんどん食べた。今じゃとても考えられないけれど、なんと、朝から一合のお粥を平らげていた……。いや、飲み干していたという方が正しいかもしれない。

お昼の献立は毎日変わるが、基本は一汁一菜の精進料理である。朝に一合も食べればお昼はお腹が鳴るはずがない……。そう思われるかもしれないが、食事は唯一の楽しみである。正午を告げる鐘が鳴り終わるまでには、なんと倍の二合を食べていた。行に入る前は、精進料理でさぞかし健全になると思い込んでいたけれど、そう甘くはなかった。まず油不足で高温多湿の梅雨時期でも肌はカサカサ、おまけに唇と踵《かかと》はいつもひび割れていた。そして栄養バランスの偏りから秘結《ひけつ》（便秘）に悩まされた。ただ、行も大詰めに近づくころになると、体から毒素や老廃物がすっかり排出されたのか、汁はサラサラの無味無臭になり、これには心底おどろいた。

行が終わってからお決まりのように「何キロ痩せた？」なんてことをよく聞かれたが、毎日三合の米を食べていたおかげで、一日二食の質素な食事（もちろん間食は一切なし）にもかかわらず、全く痩せることはなかった。なので、効率よく身体を絞りたい方は、炭水化物を制限するのが良いのかもしれない。ただし栄養バランスがくずれた食事は〝油〟断大敵ですよ‼

老僧のことば

新弟子にはいくつかの定めがあって、入山して数年は素足で過ごさなければならず、毎朝、諸堂参拝と持仏堂《じぶつどう》を清掃するのが日課となる。最近では滅多に氷は張らなくなったけれど、入山して間もない頃は、しばしば猿沢池《さるさわいけ》が鏡のように凍り、そんな寒い朝は一際《ひときわ》辛かった。弟弟子《おとうとでし》にいたっては、雪が積もった日の堂参で、あまりの寒さに足の感覚がなくなり、草履が脱げたことに気づかずそのまましばらく裸足で歩いていたというエピソードもある。当時は実家から通っていたので、毎朝五時半頃に家を出て、六時から一時間半ほどかけて伽藍《がらん》をまわり、その後二時間近く小さなお堂を黙々と掃除した。

あれから十年以上が経過して、まず寺務所に到着してするのはパソコンの電源をONにし、メールをチェックすること。そこから一日が始まる。おそらく世間が想像している日常とは、大きく乖離《かいり》しているわけである。僧侶であった私の祖父は「お寺は一掃除、二勤行《ごんぎょう》、三学問」ということを常々言っていた。今の私の姿を見たらきっと

Movie of Eizoshi Tenpyo no Inori/Koichi Hozan

雫のささやき

叱責《しっせき》するだろう――。

思えば入山したての頃は、何もかも物事がシンプルだった気がする。煩《わずら》わしい事務仕事などはほとんどなかったおかげで（実際は若いうちはまだまだ使えない、ということであったかもしれないが）、今よりもお坊さんらしい生活をしていたはずだ。

ある時、師匠が不意に新聞の切抜きを渡してきたことを思い出した。その記事には「裁判官・医者・僧侶が身に纏《まと》う衣には、人を裁き、命を救い、心に寄り添う資格がある」と書かれていた。鏡に映る自分の胸に問いかけてみた。袈裟《けさ》を掛け、僧侶の風体をして、それらしく見えることだけでは何も意味をもたない。祖父の言葉を忘れていないか。大切なことを疎《おろそ》かにして、今の自分は上辺だけ取り繕《つくろ》っているように映っている。

興福寺に入山して人生の半分近くを過ごした。初心に立ち返り、仏道《ぶつどう》を歩み続けることに信念という衣を重ね、ここが正念場だと自覚する。

何でもない日常

昭和のカレー

「昭和だねぇ、このお皿」「昭和の味とにおいがする」「昭和のカレーだねー」

阿修羅展以降、たびたび仕事をご一緒する阿修羅ファンクラブ会長※ことみうらじゅんさんと仏友いとうせいこうさんの会話である。

お二人は二〇一三（平成二五）年に東京藝術大学大学美術館で開催した「国宝 興福寺仏頭《ぶっとう》展」の仏頭大使を務めることになり、ネタ探しのため久しぶりに興福寺へやって来たのである。あれこれお堂を回ったあと、話の種にしてもらうつもりで、興福寺名物の賄《まかない》カレーを食べてもらうことにした。

お寺や神社の台所事情は様々、例えば薬師寺は三六五日うどん、お隣の春日大社は全国から新嘗祭《にいなめさい》にあわせて新米が届くので、特にお米は美味しいと評判である。当時、うちは毎週金曜日は必ずカレーと決まっていて、大きな寸胴《ずんどう》で朝からぐつぐつと煮込んだカレーは、四方八方に香りを広げ、職員はもちろん、こうして時々やって来るお客さんからもすこぶる好評であった。ちなみにお肉は使えないので、その代わりに油揚げを入れるのだけれども、これがなかなかいける。お寺のお昼は精進料理なので、タニタ食堂が世間に注目された時は、こちらも負けず劣らずヘルシーと自負していた。

十一時になると拝観受付や納経所から昼食をとるため、交代で職員が食堂《じきどう》へと集まってくる。のどかな本坊もお昼の一時《ひととき》だけは活気づき、さらにカレー曜日は朝から心が弾む。

今のお昼を作る方は三代目。いつしかカレーは不定期になり、精進シチューや精進ハヤシライスが登場するようになった。令和になってから昭和が遠くなった気はしないか。なんだろう、昭和という言葉にはもの懐かしさがあり、みうらさん、いとうさんが昭和と名付けたカレーを無性に食べたくなることがある。空になった皿を残し、静かになった土間に残るスパイスの香りが記憶から離れない。

※阿修羅ファンクラブ……入会は興福寺国宝館受付まで。

祈りの灯り

二〇一一（平成二三）年一月、インドで釈尊《しゃくそん》の足跡を辿った。釈尊が覚《さと》りを開いたブッダガヤ・大菩提寺《だいぼだいじ》に到着したのは夕暮れ。その中心にある大塔は柔らかい光に包まれ、世界中の仏教徒が一心に祈りを捧げていた。

二〇一四（平成二六）年にはミャンマーを旅した。ヤンゴン中心部にあるシュエダゴン・パゴダは高さ百メートルを超える。日中の暑さを避けて日暮れに出かけてみると、塔のまわりにはたくさんの人が集まっていた。あたりが暗くなると金箔に蓋《おお》われた仏塔は四方からの強い光を受けて煌々《こうこう》と輝く。パゴダを後目《しりめ》にすれば見知らぬ夜道も方向を見失うことなく宿へ戻ることができた。

興福寺の塔も十数年前からライトアップされている。太陽が生駒山《いこまやま》の向こうへ傾き始めるころ、南側に設置された巨大な投光器の光を浴び、ゆっくりと色づき始める。あたりが暗くなると、塔は日中と異なる雰囲気を醸し出す。太い※木割《きわり》による力強い外貌は、光がつくる陰影によって精巧な姿へと変化する。昼間と違う表情を見ようと夜の境内を訪れるのは、近くに泊っている方くらいなので、運が良ければ塔をひとり占めにできる。

五重塔は奈良県内で一番高い建物であり、大和平野にあっては大抵の場所から目にできる。個人的には、古くから京と南都とを往来する街道でもあった【般若坂《はんにゃざか》】から塔を遠望するのが好きで、県境を越えてすぐ東大寺大仏殿、興福寺五重塔をひと眺めできる景色は、日ごろ見慣れていても気持ちがほっとする。猿沢池の水面《みなも》に映る五重塔は古都奈良を象徴する景色であり、「池の近くに塔があるお寺」と説明すれば興福寺を知らない人も、大抵はイメージがつく。伽藍の中心は中金堂であるが、五重塔は興福寺のシンボルとも言える建物なのだ。

ある晩、塔の前に立って空を見上げていると、灯りが消え、暗夜の中に輪郭が浮かび上がった。その瞬間、塔は天へ天へ吸い込まれるように伸び、視野の中でたちまち拡大した。そう憶《おぼ》えた一寸《いっすん》、光速で時間が巻き戻され、壮麗な大伽藍を心に映す。どれぐらい佇んでいたのだろうか、我に返ると、紺藍《こんあい》の空には星が瞬いていた。心が時空を超えて、遠い過去につながった感覚であった。

このことを思い出して筆を執った日、再び時間旅行を念願して夜の境内に出た。静寂の中、琥珀色《こはくいろ》に照らされた塔は、この場所を千三百年離れることはなく、この先も動くことはない。今ここに立つ私はやがて過去となる。この先の人が昔日《せきじつ》を思い浮かべるとき、私たちが生きる時代は心が高鳴るような日々なのだろうか。そんなことを朧《おぼろ》気《げ》に考えているうちに照明は消え、裾に昇る大きなお月さんが薄墨色《うすずみいろ》の塔を照らしていた。

※木割……建築物などの設計で各部の寸法、または寸法の割合。

★五重塔のライトアップ時間
ライトアッププロムナード期間中
七月十八日〜八月三一日　十九時〜二二時
九月一日〜九月二七日　十八時〜二二時

期間外
日没〜二二時

ライトアップに関してのお問い合わせは、ライトアッププロムナード・なら実行委員会まで。
電話　0742-27-8677

出ずる月を待つ

Movie of Eizoshi Tenpyo no Inori/Koichi Hozan

お盆と西瓜《すいか》

興福寺では、お盆の供物《くもつ》は西瓜と決まっている。朝、八百屋から届いた大きな西瓜は諸堂へ運ばれ、仏前へ供えられる。なぜ西瓜なのか？兄弟子に聞いてみたところ「夏は西瓜、季節ものやし」と言われ、会話はそこで途切れた。

西瓜が日本に伝来した時期は特定されていないが、江戸時代の中頃には人々に定着していたようだ。興福寺でもいつしか西瓜を供えるようになったと聞くけれど、季節に合わせて、旬の野菜や果物を用意することはごく当たり前のように思う。

毎年十一月十三日に法相宗祖《ほっそうしゅうそ》・慈恩大師《じおんだいし》を偲ぶ忌日法要《きじつほうよう》（慈恩会）が厳修される。現在、法相宗は興福寺と薬師寺の両寺が大本山で、法要の会場《えじょう》も隔年で交代する定めがある。どちらが会場であっても慈恩大師の好物は柿であったという伝承から、その日には必ず柿が御供される。

今から十三年前の春、東京の国立劇場で慈恩会を披露することになった（第四十三回声明《しょうみょう》公演　法相宗の慈恩会）。この時は薬師寺が主となり準備を進め、興福寺か

らは私ともう一人が法会《ほうえ》の式衆《しきしゅう》として出仕した。少し遅れて到着すると、舞台はすでに法要の会場が再現されていた。慈恩大使の画幅《がふく》を掲げ、その前には供物が並んでいる。すぐ目に付いたのは立派な柿である。

季節外れの柿。いったどうやって手に入れたのだろうか。まさか冷凍保存していたわけではあるまい。親しくしている薬師寺の僧侶・村上定運《むらかみじょううん》に問うたところ、なんとしてでも探してこい、そんな難事を命じられたらしく、都内を走り回ったそうだ。さらに詳しくどこで買い求めたか聞いてみると、銀座にあるフルーツショップだとか。あらゆる難題に応えてくれるお店があるのは銀座、という誰からともなく聞いた話を思い出し、ようやく手にすることができたらしい。

お盆が終わる頃、西瓜は井戸水でキンキンに冷やされ、大きくカットして職員一同で分け合う。皿からはみ出た西瓜を見て、弟弟子から「なんで西瓜なんですか?」と待望の質問が飛んできた。私は「大きなお堂に丸々とした西瓜は見栄えがええし、何より日持ちする」と答える。そして自信たっぷりに「【盆】だから」と言ってみたが、呆然とされ話は終わった。毎年お盆になると思い出す。

仏の庭

興福寺には季節を彩る景色がある。春に華やぐ桜の花々は、伽藍を背景に悠久の時を思い起こさせ、夏の広い空に雲が湧きたった日には、青々と茂る木立に渡る薫風《くんぷう》が心地よい。秋には朝日に照らされた赤や黄の葉が錦色に輝き、冬になると落葉した木々は黙し力を蓄える。

陽光が降り注ぐと生命は記憶を辿り、春になればまた満天に花美をひらく。自然は暦によって動くのではなく、風気《ふうき》の変化を感じとって、私たちに四時《しじ》を教えてくれる。

中金堂の再建に先立ち、中門や回廊跡の復元表示がまず計画された。回廊跡には桜が密植されていたので、発掘にともないやむなく伐木することになった。樹木は明治以降に植えられたものが大半で、〝仏の庭〟に春の到来を告げてきた花である。

一本、また一本、頭を挙げて咲き匂う春花を思い、頭を垂れて般若心経を唱えた。花が春風のなかで笑う折りになると、その残影は心の中で咲き誇る。

Movie of Eizoshi Tenpyo no Inori/Koichi Hozan

百花咲く

宿直の夜長

週に一回、宿直当番がまわってくる。といっても夜間の電話番と見廻り以外は、これといってすることはないので、たいていは日中の残務整理に費やす。もちろん、こういう原稿を書くこともできるから有難い。

築百年を超えた建物は、虫たちにとって住み心地が良いのだろう。梅雨入りを合図にガサガサ動く大きな蜘蛛、ウネウネ進むムカデ、カサカサ走るゴキブリに出会ってしまう確率がぐんとアップする。庭に出ればアナグマ、イタチ、ネズミ、ムササビが自由勝手に暮らしている。夜中にすんごい音がして、こわごわ懐中電灯を向けると、木扉を破壊され、アライグマらしき動物が押し入っていたこともあった（笑）。宿直室は隙間だらけ。寝る前は隅々まで見渡してから灯りを消す。それでもムカデが枕元で囁いたり、天井からゴキブリがダイブしてくることもあるので、熟睡なんてとてもできやしない。

小さいころは、夜も明けぬうちから近所の雑木林へ出かけ、わくわくしながら林の中へ駆け入った。懐中電灯で樹木の穴を照らし、いるか、いないか、と一喜一憂。樹液にむらがる色んな虫を掻き分け、クワガタやカブトムシさがしに夢中になっていた。一体いつから虫嫌いになったのか……。

数年前、ゲームの中にいる不思議な生き物を捕まえる【ポケモンGO】が大ヒット。境内でも昼夜問わず、虫取り網ではなくスマホ片手に集まる人たちを見かけるようになった。海外では夢中になりすぎて、信じられない事故や事件が発生したこともあって、その対策をこちらも求められた。

トラブルを未然に防ぐことは重要であるけれど、厄介なことに、その生き物?はそこにいても手で触ることはおろか眼で見ることすらできない。存在するのかしないのか、実体が分からないモノに対して注意書を掲示したが、今ひとつピンとこなかった。

久しぶりにポケモン探しに出かけたが、何か物足りない。小さな画面から空を見上げると、大粒の汗を流し、虫を追いかけた記憶が甦る。土のにおい、木々のざわめき、川のせせらぎ。梅雨が明けたら懐かしの場所へ出かけてみたくなった。ただ、今夜も眠れそうにない。大きな蜘蛛がこちらの様子を窺っている。

鹿のお土産

〝それ〟は、頻繁に車が行き交う国道の中央分離帯、商店街、時には家の庭、大学構内にだっている。突然、ぐいっと引っ張られて、うふぁ〜と驚くこともある。三六五日見ない日はない。これは県外、いや海外にもない奈良にしかない日常。おとなしそうな見た目をしていても、道端で買った〝ブツ〟を自慢げに見せびらかす人には、容赦ないアタックを仕掛けてくる。一頭なら「あら、かわいい」で済ませられても、いっせいに囲まれると怖くなり、たいていの人は手に持ったブツを放り投げ逃げ回るしかない。ふだんは愛らしく思えても、豹変するすがたには、慣れているはずの県民でさえ、恐怖を感じることがある。

もう何のことかお分かりだろう。そう、奈良の名物「鹿」のことである。奈良時代に春日の神様は白鹿に乗って常陸国《ひたちのくに》（茨城県）から奈良へやって来た。奈良公園の鹿たちは、その時の白鹿の子孫が繁栄したもので、今でも神様の使いとして大事にされる存在だ。一時、大きく数を減らしたこともあったが、ここ数年はおおよそ千三百頭

鹿鹿鹿

Movie of Eizoshi Tenpyo no Inori/Koichi Hozan

という数を保っている。

　梅雨が明ける頃、夕方になると数十頭の雄鹿がどこからともなく東金堂前庭にぞろぞろと集まってくる。仏さまのありがたい話を聞くためにと言いたいところだが、西陽を遮る建物がないので、淀んだ地熱は粘り強く、しばらくはぐったり息苦しそうにしている。鹿の耳に念仏と思いたくなるような光景である。いくらでも涼しい場所はあるのに、なぜ決まってその場所に寄り合うのか、まったく不思議だ。実はこれ最近SNSでは「鹿だまり」とよばれ、とくに奈良国立博物館の鹿だまりは有名である。数百頭の鹿が密になり、敷地からあふれ出た鹿が、車や歩行者などお構いなしに道路を占拠する光景には圧倒される。もちろん神様のお供《とも》ということであれば追い払うことなど恐れ多く、これは仕方ない……と諦めるしかない。今やすっかり夏の名物スポットだ。

　そんな鹿だまりはあかあかとした夕陽が落ちてあたりが薄暗くなるころ、何かに導かれるように一頭、また一頭と春日の森へと消えていく。かくかくしかじか大量のうんちが残されることになり、夏が終わる頃までは、朝一の日課は置き土産の回収がお決まりとなる。これには閉口するしかない……。

ちょっと不思議な話

えにしの糸

興福寺に入山して一年が経つと四度加行《しどけぎょう》[※1]という修行に入ることになる。加行は九十[※2]日間にわたり、本坊の一角に設けられた道場で、たった一人で行に入る。行中は無言、一日二食を守り、十二時以降、湯茶以外を口にすることはできない。

加行中は深夜一時に起床して、まずその日に使う閼伽水《あかすい》[※3]を井戸から汲み上げ一日が始まる。行の開始は午前二時からと決まっており、おおよそ八時ごろまで道場に籠《こも》る。行は作法を身につけるために、同じ内容を一日三座繰り返す。

私は今から十九年前に加行入りした。気の遠くなる行生活は、青二才の小僧には苦痛でしかなく、単調な修行の積み重ねに「何のため、誰のため」と自問自答を繰り返す毎日に道を見失いかけていた。行は終盤に厳しさを増し、最後の二週間は一日の大半を不動堂で護摩《ごま》を焚《た》くことに費やす。ほとんど睡眠をとることができないうえ、満足に食事をする時間もなく、それまで忍苦の日々を重ねてきたが、この行が終われば寺を去るつもりでいた。

しかし、護摩の行に入って数日が過ぎたころ、夜中にもかかわらずお参りしている方が時折いることに気づかされた。お百度参りを黙々としている人、一心に南円堂や一言《ひとこと》観音堂《かんのんどう》の前で手を合わせている人、お坊さんは修行中ですからお話できないでしょうけれど、私の悩みを聞いて下さいと語る人。それぞれの祈りがあることを知った。

不動堂の脇にある手水《てみず》の音が一瞬消え、ふたたびリズムよく流れ出す。

「ざっ、ざっ、ざっ」足音が近づき通り過ぎていく。

「コン、コン」鰐口《わにぐち》の音が静かな境内に響く。

興福寺は築地塀も門もないので、昼夜お参りに来ることができる。

護摩行に入って一週間が経ったころだったか、いつものように護摩を焚き始めると、手水の音が止み、誰かが歩いて来た。「ざっ、ざっ、ざっ」最初はいつものことと気にはしていなかったが、何度も続くので、ついつい後ろを振りかえるが誰もいない。

こんな不思議なことが何日か続いた――。

六時の鐘が鳴り始めるころには外も明るくなり、南円堂や一言観音は、お参りの方が供える線香で白く煙っている。そんな様子に、ハッと――気づかされた。ここは生と死を分け隔てない空間なんだ、と。常夜《じょうや》の迷いに光明が差し込んだ瞬間であった。

ずっと疑問を抱え、今にも破裂しそうであったが、自分の役割というものが、すっと心に染入った。生きている方、あの世にいる方、その双方が興福寺の御仏《みほとけ》に会いに来ているのだ。そして、真ん中にいる私の存在は、無量の祈りを橋渡しすることである。そのことを感得できたとき、靄《もや》が晴れ、ようやく加行に集中することができた。えにしの糸に導かれ今年で二十年。あの日のことは必然だったのか。今でも時々思い返すことがある。

加行の一日

一時頃　起床（護摩に入ってからは一三時半起床）
一時四五分　閼伽《あか》作法
二時〜四時　後夜《ごや》（終了後、日中の準備）
四時〜六時　日中（終了後、大師法楽《たいしほうらく》の用意）
六時半〜七時　大師法楽（終了後、尊師法楽《そんしほうらく》の用意）
七時十五分〜七時半　尊師法楽（終了後、初夜の準備）

八時～八時半	朝食（食作法）
九時～十時半	堂参《どうさん》（諸堂参拝）
十時半～十一時半	休息（道場、行者部屋の掃除）
十一時半～十二時	中食（食作法）
十二時～十四時	休息（掃除、読書など）
十四時～十六時	初夜（終了後、後夜の準備）
十六時～	施餓鬼《せがき》作法（終了後、入浴・休息）
十九時頃	就寝

※1 四度加行……十八道法（じゅうはちどうほう）・金剛界法（こんごうかいほう）・胎蔵界法（たいぞうかいほう）・護摩法（ごまほう）の四種からなる修行。天台宗や真言宗の基本修行であるが、興福寺でも一定期間修めることが定められている。
※2 九十日間……期間や内容は宗派によって異なる。
※3 閼伽水……行の作法で使う仏に供養する水。

幽明の境

朝の雨は夜になっても静かに降っていた。しかし日付が変わるころにはありったけの星が輝いていた。興福寺の四度加行《しどけぎょう》は後夜《ごや》の作法と日中の作法が連続するので、一座目が終われば片づけをして、少し休憩を入れてから二座目に入る。いつものように道場の裏にある水屋で顔を洗い、軽く身体を伸ばす。電気を点けることは許されないが、夜気の中でも次第に目が慣れてくる。ただその日は磨かれた床にほのかな光が反射していたことをよく覚えている。

一度作法を始めると、座から離れることは許されない。ただ、どうしても立たなければならない時は、身に着けている如法衣《にょほうえ》（袈裟《けさ》）をはずし、それを折りたたみ、その上に法具を置くという習わしがある。二座目を始めた直後、二つ隣の部屋からかすかな物音が聞こえた。そこは住職室である。

カタ　カタ　カタ　カタカタカタ

こんな時間に師匠が指導しに来た、嫌だなと思っていたら、

ガタ　ガタガタガタガタ　ガタガタ

音はどんどん大きくなり、ただならぬ気配になった。普通であれば中断はしない。だが泥棒が侵入した可能性もあると考え、音のする部屋へホウキを持って走った。部屋には鍵がかかっていて、中に入ることはできない。もしや反対側から入られたのかもしれないと思い、急ぎ行部屋を横切り裏へ回った。緊急事態だ、うろたえながらも水屋の照明を点灯した。目に飛び込んできたのは、数分前に顔と手を拭いた白いタオルが二メートルほど先の勝手口扉の下に落ちている光景だった。

あ……　あれ？？？　なんで？

タオルは風で飛ばされないようクリップで挟まれていたのに、そのクリップはどこ

にも見当たらない。恐る恐るタオルをつまみ上げるとまだ湿っている。もちろん勝手口からも侵入した形跡はなく、これは動物の仕業に違いないと言い聞かせ、昨晩の雨で足跡が付いてないか、床に頬をへばりつけて念入りに確認したものの、何の痕跡も無かった。

不安とモヤモヤした気持ちを抱え、行部屋に戻ろうとしたその時、薄暗い持仏堂《じぶつどう》の中にずらりと並べられた歴代住職の位牌《いはい》が見えた。そう、この日はお盆であった。かわたれ時に帰郷したのは、加行の様子を見にきた先徳の霊だったと信じたい。幽明の境にふれた不思議なできごとであった。

ちなみに師匠に「お部屋は荒らされていませんでしたか?」とおどおどと聞いてみたが、キョトンとされたのは言うまでもない。

Movie of Eizoshi Tenpyo no Inori/Koichi Hozan

月に祈る

黒い電話

興福寺の別院が東の山中にある。今は鐘楼しか残らないが、かつては大西《おおにし》良慶《りょうけい》和上《わじょう》（大正〜昭和にかけて興福寺と清水寺を住職として兼務）が住まいとしていた由緒ある場所だ。

しかし四十年ほど前に無住となり、それ以降は年二回の掃除と正月の供物を供えるために出かける程度になった。人が住まなくなった境内は夏草に覆われ、堂と庫裏《くり》は朽ちて、森へ呑み込まれるまでそう時間はかからなかった。

興福寺では正月四日に下供《てっく》する慣わしがあって、年末に供えた正月飾りを諸堂から下げる。もちろん別院も例外ではなく、お寺に入って間もない頃、兄弟子と供物を下げに出かけた。

興福寺本坊　正月飾り

昼間だというのにほとんど光の入らない本堂と庫裏は、いつ〝でても〟おかしくない空気である。口にはしないけれど、早く立ち去りたいので、読経《どきょう》も口早に唱え、ぱっぱっと本堂の供物を下げ、足早に庫裏へと向かった。

庫裏の供物は三宝から崩れ落ち、ねずみにかじられたような痕があった。これではお下がりにあずかれない。

「裏庭にでも捨てて帰りましょうか」そんな言葉を口にした瞬間、

ジリリリリ　ジリリリリリ　ジリリリリリ

高い音が響いた。畳に転がっていた、鳴るはずのない、線のつながっていない、黒い電話が何かを訴えるように、

ジリリリリ　ジリリリリ

叫ぼうとしても声が出ず、音だけが耳にまとわりつく。

「※△◎□■……」

散らばっていた供物をかき集め、山を転げるようにその場から逃げ出した。あれは一体なんだったのか。

帰り道にポロっと言葉が零《こぼ》れ落ちた。「そういや私たちお坊さんですよね……」

頭が真っ白になったこともそうだが、供物を粗雑に扱おうとしたことを大いに反省した。

何年経っても、下供の日には必ず思い出す。

かたわれ時の空

Movie of Eizoshi Tenpyo no Inori/Koichi Hozan

仏のまなざし

興福寺境内の北側、現在、奈良県庁や裁判所がある辺りは、明治以前は興福寺の寺域であった。また南側には奈良ホテルを境界として最盛期には二万一千余石の知行、百七十を超える子院を有していたことは意外に知られていない。奈良公園の中にあるイメージを持つ方が多いけれど、それはあくまで明治になってからの話である。

今から十年以上前に裁判所が建て替えられることになり、旧庁舎の取り壊しにともない発掘調査が行われた。その際、ぽっつりと敷地内に残されていた祠《ほこら》も撤去されることになった。中には地蔵菩薩像（石仏）が安置されており、旧境内という場所柄、興福寺に移坐させたいという申し出があった。

仏さまを遷坐《せんざ》させる場合、その御魂《みたま》を一時的に法性《ほっしょう》の都へお返しする撥遣法要《はっけんほうよう》というものを執り行う必要がある。当時末寺《まつじ》（興福寺に所属する寺院）にとても霊験の強いご住職がいらっしゃったので、法要をお願いすることにした。

そのご住職は祠の前に着くなり、「こんな暗い所に閉じ込めとったらあかんわ。何も見えんやろ。こっちからもホトケさんが見えんし、ホトケさんも長い間こんな場所におったから、見るのもやめてしまってるわ。こうなったら何をお願いしても叶わんで」と厳しく言い放った。最初、何を言っているのか理解できなかったが、お地蔵さんを中から取り出すと意味が分かった。そのホトケさんは〝のっぺらぼう〟のようにお顔が無かった……。「このお地蔵さん、みんながお参りする所にお祀《まつ》りして、ちゃんと手を合わせ続ければ必ず顔が浮かび上がってくるわ」。
法要を終えてお地蔵さんを興福寺にお連れし、撥遣法要に続き魂を戻す開眼法要《かいげんほうよう》を行った。それから一カ月が過ぎた頃、お移しした場所へ様子を見に行くと、薄っすらお顔が浮かび上がっていた。驚いてそのことを伝えると「あと半年もすれば、くっきり表情がでてくるで。ホトケさんも喜んでいる」そう言ってにこりと笑われた。

そこへ足を運ぶとあの日言われたことを思い出す。今日の我々はついつい他人の目を気にしてしまう。一方、神仏に見守られている意識は薄く、意識下に潜在している仏の眼に気づいていないのではないか。ほほ笑む尊顔《そんがん》を前にして、仏眼《ぶつげん》を自覚できているか、向き合う度に自分に問いかけている。

猿沢池　龍の池

猿沢池にはむかしから「澄まず濁らず出ず入らず　蛙はわかず藻は生えず　魚が七分に水が三分」という七不思議がうたわれる。また古来より龍の住む池と伝承され、藤原不比等《ふじわらのふひと》が残した「龍の住む地は繁盛する。龍が住む場所を探して、近くに寺を建てた」（未學云。猿澤池龍池事。……伏龍繫繁盛地。寺南邉龍池有『興福寺縁起』）という言い伝えもある。

『興福寺流記《こうふくじるき》』には、南大門の坂穴に入った西金堂衆《さいこんどう》が龍の鱗《うろこ》三枚を発見したことが書かれ、その龍伝説は、お能の「春日龍神《かすがりゅうじん》」や芥川龍之介の『龍』の中でも登場し千年にわたり語り継がれてきた。一五六五（永禄八）年、西欧人として、初めて奈良見物に訪れた修道士（ルイス・デ・アルメイダ）は、「魚が群がっています。（中略）巡礼者やそれら無数の魚を見物に来る人々は、何か餌を投げるだけです。その際には、ただちにおびただしい魚が集まってきます」（『奈良社寺見物記』）と記している。

猿沢池には、現在も在来種としてモツゴ、シマヒレヨシノボリが生息し、その数はおよそ十万匹以上とも言われる。周囲三百メートルの小さな池にあって、水より魚が多いという譬《たと》えは分からなくもない。

古来、猿沢池には謎の多いことは確かで、七不思議のほかに、池の水が血の色に染まると凶事の前兆として騒がれたことが度々記録にでてくる。古くは一二六二（弘長二）年の『興福寺略年代記』、また『多聞院日記《たもんいんにっき》』一五七二（元亀三）年一月二二日には「近般サル澤の池……池水赤土ヲコ子タルやう二色カヘルト申、如何、凶事と云う」とある。

数年前、猿沢池の上流にある池が血の池地獄のように赤褐色に染まり騒ぎになった。この原因は猛暑による浮草の大量発生と究明されたが、なんとも気味の悪い出来事であった。不可解な現象を魑魅魍魎《ちみもうりょう》のしわざと考えた時代、澄まず濁らずの池を真っ赤に染める異変は、さぞかし畏れられたに違いない。

そもそも龍は中国から伝わった。〃龍に九似《きゅうじ》あり〃と耳に及ぶその姿は「角は鹿、頭は駱駝《らくだ》、目は鬼、首は蛇、腹は蜃《みずち》、鱗は鯉、爪は鷹、掌は虎、耳は牛」と言われる。気になるのは西金堂衆が発見したという龍の鱗。この出来事を連想させるものが見つかった。

二〇〇九（平成二一）年に南大門跡の発掘調査が行われた際、南大門の中央付近から須恵器《すえき》広口壺が出土し、関心はその中身に集まった。壺内に確認された遺物は、和同開珎《わどうかいちん》、ガラス玉、植物質有機物。そして底部付近から魚類と思われる骨、鰭《ひれ》、鱗が検出された。「もしや龍のものか」とこの発見に想像の翼が広がった。

ほどなくして出土したものの分析結果が伝えられた。骨や鱗は龍のものと信じたいが、フサカサゴ科の一種である可能性が高いと分かった。これには心なし落胆したけれど、注目したいのは寺院の地鎮《じちん》・鎮壇《ちんだん》に魚類納入は確認例がなかったことだ。そして魚の頭は猿沢池を向いて納められていた。その話を聞いたとき、ふたたび胸が高鳴った。

つい先日、猿沢池に鹿が落ちたという一騒動があった。急いで現場に向かうと、こちらの心配をよそに悠々と泳いでいるではないか（浅いので歩いていたのかも）。暗がりに水面から角と頭だけ出ていたら、これは龍に見えなくもない――。しばらくして鹿は何事もなかったように池から立ち去った。

「秘すれば龍なり。秘せずば龍なるべからず」。秘してもそれを証明していることが一つある。現在の地に創建されて今年で千三百十年、「龍の住む地は繁盛する」という言い伝えは本当だったらしい。紆余曲折はあっても歴史がそれを物語っている。

Movie of Eizoshi Tenpyo no Inori/Koichi Hozan

鏡面の世界

国宝館

僧侶が食事する食堂があった場所に、一九五九（昭和三四）年に建てられた。奈良時代創建の食堂の外観を復元し、地下には遺構が保存されている。本尊の千手観音菩薩立像を中心とした興福寺の至宝を収蔵。日本一有名な仏像と言っても過言ではない阿修羅像（66頁）もこちらに安置されている。

通年開扉　九時〜十七時
（拝観受付終了は十六時四五分）

木造千手観音菩薩立像《もくぞうせんじゅかんのんぼさつりゅうぞう》

像は五メートルにもおよぶ鎌倉時代再興期の食堂本尊。丈六もの巨像をバランスよくまとめあげ、安定した像容をみせる。

【年代】鎌倉時代　【所在】国宝館　【指定】国宝　【技法】寄木造、漆箔、玉眼、桧材

【像高】520.5cm　【公開情報】常時公開

※ 360 度カメラで撮影後、加工したものです。

写真左から
迦楼羅像　緊那羅像　沙羯羅像　阿修羅像　乾闥婆像　鳩槃茶像　畢婆迦羅像　五部浄像

乾漆《かんしつ》八《はち》部《ぶ》衆《しゅう》立像《りゅうぞう》

インド古来の鬼霊・音楽神・鳥獣神など異教の神をあつめ、仏法守護や諸仏供養の役目を与え八部衆とした。七三四（天平六）年に創建された西金堂釈迦如来坐像の周囲に安置されていた。

【年代】奈良時代　【所在】国宝館　【指定】国宝　【技法】脱活乾漆造、彩色
【公開情報】常時公開

※ 360 度カメラで撮影後、加工したものです。

阿修羅像《あしゅらぞう》（八部衆）
八部衆の中では唯一武装しない姿であらわされる。像は三面六臂、胸飾りと腕釧をつけ、裙をまとい、板金剛をはく。
【年代】奈良時代　【所在】国宝館　【指定】国宝　【技法】脱活乾漆造、彩色
【像高】153.4cm　【公開情報】常時公開

銅造仏頭《どうぞうぶっとう》（旧東金堂《とうこんどう》本尊）
鎌倉再興期の一一八七（文治三）年に東金堂本尊として安置されたが、一四一一（応永一八）年に堂とともに被災した。残った頭部は再建された現東金堂本尊台座の中に納められ、一九三七（昭和一二）年に発見された。
【年代】白鳳時代　【所在】国宝館　【指定】国宝　【技法】銅造、鍍金
【総高】98.3cm　【公開情報】常時公開

中金堂

中金堂は興福寺伽藍の中で最も重要な建物。創建者は当時の日本の律令制度をまとめ、藤原氏の栄光の基礎を築いた藤原不比等。創建当初の中金堂の規模は当時の奈良朝寺院の中でも第一級だった。

通年開扉九時〜十七時（拝観受付終了は十六時四五分）

木造《もくぞう》釈《しゃ》迦《か》如来《にょらい》坐《ざ》像《ぞう》

五代目の中金堂の本尊で、運慶二十八世を称する仏師・赤尾右京によって造られた。二〇一八（平成三〇）年、中金堂復興に合わせて修復され、金色の輝きを取り戻した。

【年代】江戸時代　【所在】中金堂　【技法】寄木造、漆箔、彫眼

【像高】283.9cm　【公開情報】常時公開

五重塔（国宝）

七三〇（天平二）年、興福寺創建者・藤原不比等の娘（光明皇后）が建立した。五回の焼失・再建を経て、現在の塔は一四二六（応永三三）年に再建された。高さは五十・一メートルあり、県内で一番高い建物である。

木造釈迦三尊像《もくぞうしゃかさんぞんぞう》

五重塔の初層には薬師三尊像、阿弥陀三尊像、釈迦三尊像、弥勒三尊像がそれぞれ四方を見守るように背中合わせで安置されている。

【年代】室町時代　【所在】五重塔　【技法】寄木造、玉眼、桧材

【像高】66.6cm　【公開情報】非公開

東金堂
（国宝）

七二六（神亀三）年、聖武天皇が叔母の元正太上天皇の病気全快を願って建立。五重塔と同じく焼失と再建を繰り返し、現在の堂は六代目（一四一五〈応永二二〉年再建）。堂内には重要文化財三躯、国宝十八躯が安置されている。一九三七（昭和一二）年の解体修理中に本尊台座内から銅造仏頭（67頁）が発見された。

通年開扉　九時～十七時（拝観受付終了は十六時四五分）

銅造《どうぞう》薬師《やくし》如来《にょらい》坐像《ざぞう》

人々の災いや苦を除き、病を治してくださる如来。土形原型による鋳銅造で、一四一五（応永二二）年に造立された。

【年代】室町時代　【所在】東金堂　【指定】重要文化財

【技法】銅造、漆箔　【像高】255㎝

【公開情報】常時公開

※ 360度カメラで撮影後、加工したものです。

南円堂
（重要文化財）

西国三十三所の第九番札所。八一三（弘仁四）年、藤原冬嗣が父の内麻呂追善のために建立。地鎮には空海が関わったと諸書に記される。堂内には康慶作の不空羂索観音菩薩坐像（国宝）を本尊とし法相六祖坐像、四天王立像（いずれも国宝）が安置される。現在の堂は、創建以来四度目の建物で、伽藍の中において最も信仰をあつめる堂宇である。

御開帳日　十月十七日
（大般若転読会　十三時～）

木造《もくぞう》不《ふ》空羂索《くうけんさく》観音《かんのん》菩《ぼ》薩《さつ》坐《ざ》像《ぞう》

変化観音の一つで、手に持つ羂索（綱）で私たちの願いをもらさず救い上げてくれる。一一八九（文治五）年に約十五ヵ月を費やして、仏師・康慶と弟子たちが造った。

【年代】鎌倉時代　【所在】南円堂　【指定】国宝
【技法】寄木造、漆箔、彫眼（瞳は玉眼）、桧材　【像高】336cm
【公開情報】十月十七日のみ公開

北円堂

（国宝）

藤原不比等の一周忌にあたる七二一（養老五）年に元明・元正天皇が、長屋王に命じて建てさせた。一一八〇（治承四）年の被災後、一二一〇（承元四）年頃に再建。堂内には大仏師運慶晩年の作、弥勒如来坐像・無著菩薩立像・世親菩薩立像（いずれも国宝）が安置される。

特別開扉
毎年四月下旬～五月上旬、十月下旬～十一月上旬、春・秋一定期間公開

木造《もくぞう》弥勒如来《みろくにょらい》坐像《ざぞう》

弥勒菩薩が五十六億七千万年後に成仏した時の姿。左右奥には北インドで活躍し、法相教学を確立した無著と世親の兄弟像が安置される。

【年代】鎌倉時代　【所在】北円堂　【指定】国宝　【技法】寄木造、漆箔、彫眼、桧材
【像高】141.9cm　【公開情報】毎年春と秋の年二回

三重塔（国宝）

一一四三（康治二）年崇徳天皇の中宮皇嘉門院聖子が建立。一一八〇（治承四）年に焼失し、間もなく再建されたと伝わる。興福寺旧子院・世尊院伝来の弁才天坐像が安置され、初層内部の板壁や柱には千体仏・宝相華文などが描かれる。北円堂とともに伽藍の中で最古の建物。高さは十九メートル。

御開帳日　七月七日
（九時～十六時、
弁才天供養　十時～）

弁才天《べんざいてん》坐像《ざぞう》

興福寺の弁才天は、特に窪弁才天と呼ばれ、弘法大師空海が天川から三重塔の西に勧請したと言われ、この像はその伝承を伝えている。なお眷属に十五童子を従える。

【年代】江戸時代初期　【所在】三重塔

【技法】寄木造、彩色、玉眼、桧材　【像高】38.5㎝

【公開情報】七月七日のみ公開

不動堂

南円堂の向かいにある御堂で、漆黒の不動明王を祀る。毎月一日、十五日、二八日に護摩祈祷を行う。また、正月三箇日には新春護摩祈祷を厳修。

不《ふ》動《どう》明《みょう》王《おう》像《ぞう》

九世紀の初め密教と共に日本に伝えられ信仰されるようになった。興福寺の不動明王は右手に剣、左手に羂索を持つ。

仮講堂《かりこうどう》

中金堂が再建されるまでの仮堂として、一九七四（昭和四九）年、薬師寺旧金堂（室町時代）を移建したもの。中金堂の再建に伴い、今後しばらくは講堂としての役割を果たす。宗祖・慈恩大師の忌日法要を執り行う会場（薬師寺と隔年交代）でもある。

大湯屋（重要文化財）

創建年代については詳しく分かっていないが、文献での初見は平安時代。現在の建物は室町時代に再建されたと考えられる。内部には鉄の湯釜が二個据えられている。

菩提院大御堂《ぼだいいんおおみどう》

十三鐘や三作石子詰の伝承として知られる。奈良時代の玄昉僧正の旧跡と伝わり、平安時代の学侶・蔵俊も住んでいたと言われる。現在の建物は一五八〇（天正八）年に再建。堂内には阿弥陀如来坐像が安置される。

特別開扉　十二月三一日　二三時～除夜の鐘打鐘時のみ

延命地蔵尊

境内に静かにたたずむお地蔵さん。平成の南円堂大修理の際、現在の場所へ移安された。地元の方には「南円堂の地蔵さん」として親しまれている。毎年八月二三日に地蔵供養の法要が執り行われる。

日々の歩みから思うこと

信仰の中心

日仏友好一六〇周年を記念する「ジャポニスム2018」の企画の一つとして、パリのギメ東洋美術館で興福寺の至宝を出展する機会にめぐまれた（興福寺〜ギメ展〜）。四十八日間で三万人を超える観覧があり、精神性と芸術の尊さを合わせ持つ仏像は、その美しさや迫力でフランスの人々の心を動かした。

私も数日間フランスに滞在し、時間を見つけては地図を片手に美術館や教会をまわった。河沿いを歩いていると橋の下から大きな建物が見えた。ノートルダム大聖堂だ。十数年前にも一度この大聖堂を礼拝したことがあり、懐かしさを覚えた。中世に二百年の歳月をかけて建てられた聖堂は、ゴシック建築の最高傑作と称され、天に伸びる壮大な尖塔を持ち、内部は余すところなく鮮やかな芸術が施されている。まるで神の手を借り完成したように思えてならない。美しい白色の外壁になぞらえてフランスの貴婦人とも言われ、今では宗教の垣根を越えて世界中から年間千二百万人が訪れる空間である。

しかし、あの日、燃え上がる尖塔が蘇芳《すおう》の炎につつまれ無方の空に穴をあけた瞬間、天から崩れ落ちた。歴史と信仰の集積は一瞬にして無になった。ほんの一カ月前に訪れた場所である。ニュースに流れる映像を見て言葉を失った。

七転び八起き――興福寺の中金堂は七度も被災している。二〇一八（平成三〇）年に三百年ぶりに再建が成就した堂は八代目だ。当山全体では、七一〇（和銅三）年の創建から大小数えると百回以上の火災を記録する。だが、度重なる大火に遭っても、その都度、創建時の規模で復興を遂げてきた。つねに天平への回帰が主題であり、信仰と精神の象徴は必ず甦ってきたのである。

ノートルダム大聖堂の尖塔は復元ではなく、デザインを公募するという話題は世界を駆け巡った。日本では寺院の建物を復元する際、ほとんどの場合、以前の形や建築方法を再現するよう努めるため、これには正直驚いた。しかし新しく生まれ変わっても、忠実に復元されても、信仰の中心であることは不変だ。この比類なき歴史的建築物の再建を引き受ける大役は、きっと神さまの手引きにちがいない。一日も早い再興を祈念する。

※二〇二〇年七月九日　マクロン大統領は尖塔を元の姿に復元する案を承認。

深知今日事（ふかくこんにちのことをしる）

私が入山した年、江戸時代末期に仮堂として再建された中金堂が老朽化のために解体され、天平時代と同規模の金堂復元計画がスタートした。二〇〇一（平成一三）年に発掘、二〇一〇（平成二二）年に立柱式を執り行い、その後は長らく覆いの中で一つ一つ作業が進められてきた。二〇一八（平成三〇）年十月、秋晴れのもと、鴟尾《しび》が除幕され伽藍を再照。その一瞬、五色の幕が大風に吹かれて舞い踊り、まさに天が祝う落慶式となった。

江戸時代中期の大火で焼失して以来、本格的に復元するのは、実に三百年ぶりのことである。この再建は伝統技術とともに現代の建築技術も加え、五百年、千年先を見据えたものだ。ただ、残念なことに私たちは百年先の金堂さえ見ることは叶わない。しかし、今回の復元は今日・明日の確固たる積み重ねによって成し遂げられた大事業であり、その過程に居合わせることができたのは幸運であった。

私たちはしばしば今日のことより、明日、一週間先、はたまた一年先のことを考えて一喜一憂する。しかし、今この瞬間なくして明日はなく、もちろん一年先もない。華やかな将来を思い描いても、何も心掛けない日々を積み重ねてしまえば、その未来は実現することができず絵空事で終わってしまうだろう。

中金堂が落慶して間もなく二年を迎える。すっかり境内にも馴染み、何百年も前からあったように思える。何かにつまずき、心がぐらつく日は南大門跡の礎石に腰をおろし、そこから中金堂との間にある広い空を眺めながら、今日を深く振り返るのが私のルーティンになった。

人生は一日にして成らず。

中金堂鴟尾・銘文

金堂再建　天平風瀰　鴟尾放光
普照一切　願此土安　天人充満
種種荘厳　衆生遊楽　諸法勝義

金堂ノ再建ナル。天平ノ風瀰リ、鴟尾、光ヲ放チ、
普ク一切ヲ照ス。願ワクハ、此土安ラカナランコトヲ。
天・人、充満シ、
種々荘厳ノウチニ、衆生ハ遊楽ス。（コレ）諸法ノ勝
義ナリ。

神技の集積

高層ビルが林立する新宿。一九七〇年から八〇年代にかけて、背丈を競うように開発が始まった。今ではすっかり見慣れた景色だが、興福寺主催の文化講座会場が飯田橋から新宿（文化学園）に引っ越してしばらくは、窓の外に見えるビル群にひとしきり感動した。

古代から中世の奈良も負けず劣らず高層の建物が並ぶ都市であった。現在、奈良市内に所在する主な古塔は、興福寺に二基（五重塔・三重塔）、薬師寺に一基（東塔）残るだけであるが、かつては春日大社、西大寺《さいだいじ》、東大寺、大安寺《だいあんじ》、元興寺《がんごうじ》にも塔があった。発掘調査などの結果、大安寺は七十メートル、東大寺に関しては百メートルを超える巨大建築であったと推測される。これらの塔がいずれも現存していれば、世界一の宗教都市として名を馳《は》せたに違いない。

当山の五重塔は合計五度の焼失（四度が落雷）を経て室町時代に再建。その後も幾多の難を乗り越え今日に至る。今では避雷針が設置され雷による火災の心配もなく

【塔】建築用語で塔といった場合、幅に対し高さが圧倒的に大きい。一般に居住の機能を欠き、周囲を見渡せる、周囲から一見できる建物を指す。仏教における塔は、礼拝対象の原初的形態で、土や煉瓦の堆積を意味する。本来は墳墓的性格のもので、仏塔の起源は古代インドにおいて、仏滅後に舎利を八分して起塔供養したことに始まる。

日本には朝鮮半島から仏教伝来とともに塔が伝わった。形式から分類すれば層塔・多宝塔・五輪塔・宝篋印塔《ほうきょういんとう》などがあげられる。日本では大規模な塔は木造で、その形式は層塔・多宝塔が多く、基本平面は方形で、円形平面は宝塔と多宝塔上層に見られるだけである。日本の塔は中心に心柱を立て、上に相輪をのせ、周囲に塔身《とうしん》を造るのが特徴になる。そのうえ内部が室内空間として造られているのは初層だけで、二重以上には床がなく、仏像を安置するような空間はない。これに対し、中国の塔は楼閣的要素を持っていて、各層に床を設け仏像を安置することが通例になる。また心柱は他国の仏塔には見る事はできない。つまり、日本の塔は完全オリジナルと考えることができる。

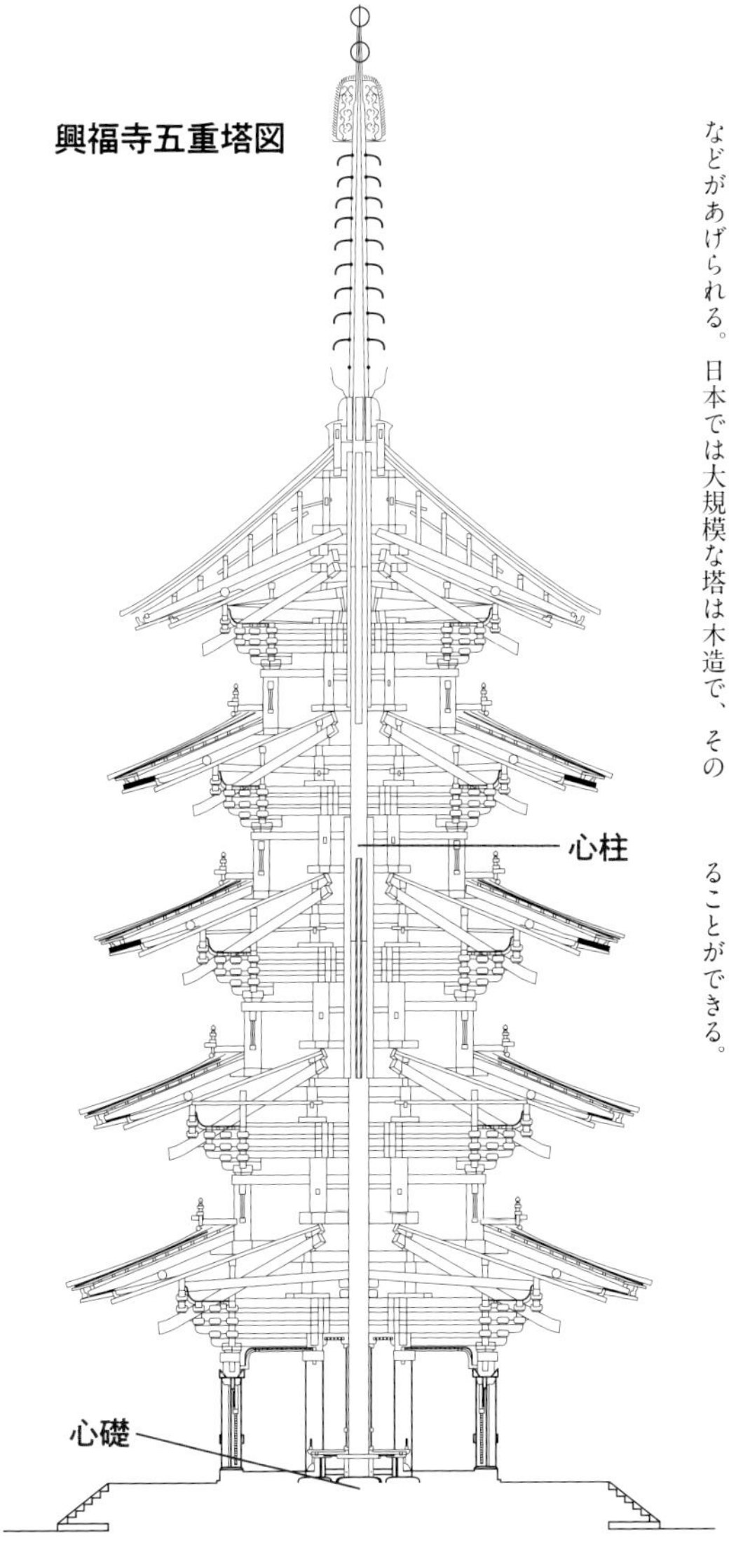

なったが、それ以前の調査報告書の落雷記録によると、一九〇五（明治三八）年七月十五日に相輪宝珠《そうりんほうじゅ》に落ちた雷は、各層いずれも東北隅を経て大地に達したとある。あわや火を噴く可能性もあっただけに、記事を読むだけで身震いがした。

塔の中心には心柱《しんばしら》が心礎《しんそ》上に立ち、十五メートルもある相輪を頂く。下から見上げると、一体どうやって上にあげ、バランスを保っているのか不思議に思う。塔本体を心柱が支えているとよく勘違いされるが、柱は仏舎利を納める心礎と相輪をつなぐ重要な役割を果たす為にある。心柱は日本独自の建築様式で、他国の塔（ストゥーパ）に見ることはできない。建築技術は中国や朝鮮を経て日本に伝わったことは間違いないとされるが、中国の楼閣《ろうかく》式とは明らかに異なり、各層を重ねる造りは、一階建ての五層構造ということになる（つまり各層には床がなく吹き抜けになっている）。

記録上、地震によって倒壊した塔の例はなく、その仕組みは今なお解明されていない点も多いが、五重塔は一つ一つの部材を組み上げ堂々たる姿を成していることは確かである。先人の知恵と技術が集積した塔を仰ぎ見る度に、日々の努力を積み重ね、率直に生きることを心がければ、易々揺らぐことのない剛毅《ごうき》を培《つちか》うことができるはずだ。遠い昔の人たちからのメッセージと思いたい。

Movie of Eizoshi Tenpyo no Inori/Koichi Hozan

朝日の通う道

恩恵の代償

戦後、建造物を維持管理する上では耐震や免震、防火という点に対しての対策は不可欠とされてきた。当山の至宝を収蔵安置する国宝館は、一九五九（昭和三四）年に耐火式宝物庫として建てられ、二〇一七（平成二九）年には一年間休館して耐震工事が施された。しかし、堂塔の護持において、ここ数十年で、急速に懸念されるようになった要素がある。「大気汚染」だ。自動車の排気ガス・ごみ焼却場の排煙・工場の煙など、私たちの生活を支えるものから汚染物質が排出されているのは明白で、日常に影響を及ぼす環境問題として取り上げられることが多く、歴史的な価値を持つ文化財をも脅かしているのだ。大気汚染によって多くの文化財は劣化、腐食、溶解、変色などの傷みが進んでいる。これは、興福寺のみならず、世界中に共通する深刻な問題であり、残念ながら現状はほとんど決定的な解決策がない。

興福寺の伽藍にも大気汚染特有の黄緑色の錆が一九八〇年頃から確認されるようになった。高い位置にあるほど飛来する汚染物質の量も多いという調査報告の通り※、特に五重塔相輪の劣化は深刻で、水煙先端の変色は著しい。近い将来、塔の修理で相輪をおろすことになれば、科学的に修復される可能性も高いが、一度損傷したものは元の輝きを取り戻すことはない。

堂内に安置される御像への影響も先々懸念される。もちろん風雨、紫外線などに直接曝《さら》されているわけではないが、空気中に汚染物質が混入している外気の侵入を防ぐことは至難である。とは言っても、尊像を保全のため宝物庫へ移動させるようなことは本末転倒。お堂の中に仏様がいなければ宗教空間としての意義を失ってしまう。

自然環境を原因とする劣化は、伝統的な修理などで防止することはできる。しかし大気汚染の場合、急激に進む近代化の波が、環境問題すら呑み込んでしまい、防止策が追い付いていていない。なにより、大気汚染の原因は我々人間の営みそのものなのだ。

好都合という恩恵から生起した因果は、私たちの手で解決する使命があるのではないか。目をそらさずにこの危難を少しでも改善できるよう糸口を探っていきたい。

※調査報告書……西山要一「文化財に及ぼす大気汚染の影響と文化財保存環境形成の研究」（二〇〇六〈平成一八〉年）。

古参の流儀

お寺に入って二、三年は拝観受付に座り、時にはご朱印も書いていた。こちらが老練の書き手にまじって座っていると、信心の篤《あつ》い巡礼者から「お前みたいな若造には書かれたくない」と素人臭さをあっさり見抜かれて凹んだ日もあった。

当時、古参の職員は癖が強く、とくに南円堂納経所には手練《てだ》れが揃っていた。今ではとうてい考えることはできないが、右手に筆、左手にはぐい呑み、参拝者と喧嘩するなんて日常茶飯事。それにハラハラすることもあったが、無作法な参拝者に対しては、言うべきことをはっきり伝える一面もあった。

平成から令和に改元された日、早朝からご朱印に並ぶ人は大きな巻貝のようにぐるぐると長い行列をつくった。カタツムリのようにゆっくりとした歩みは、進んでは止まってを繰り返し、待ち時間はなんと最大四時間。老若男女問わず参詣者が増えるのは嬉しいことであるけれど、どうもここ数年は世間が作り出したご朱印ブームの影響もあってか、スタンプラリー的要素が急加速している。中には、特別な日にしか授与されない朱印をオークションサイトなどで転売する罰当《ばち》たりもいて、正直開いた口が塞がらない。本来、ご朱印というのは寺院を参拝して納経した証に授かるものであって、お参りもせずに朱印だけを目当てにするのは論外。社寺詣では古来より大切に守られてきた作法や仕来《しきた》りがある。

令和を迎えいつまでも途切れない参拝者の列には、殊勝に我慢強く並ぶ人もいれば、待つことに業を煮やす人、職員に突っかかる輩もいた。かつては曲者《くせもの》ぞろいだった納経所メンバーも代替わりして、今ではすっかりおとなしくなり、苛立つ人々を角が立たないように諭す。むかしを知っている私からすれば、それはそれで物足りなく思ってしまうこともある。

昨今の活況をすべて否定するつもりはないが、少なくとも書き手のじいさんたちは逸脱した者には厳しく対応していた。そうやって流儀は守られてきたのだ。授かったご朱印（宝印）は尊像の分身。正しい作法、習慣を伝えるべく、久方ぶりに受付に座ってみたら、見事に足を引っ張った。どうやら、私には向いていないようだ。

古都の相貌

中国、韓国、フランス、香港。これは当山を訪れる海外からの旅行者数（団体）の順位である。毎月統計を取っているが、上位四ヶ国の顔ぶれはほぼ変わることはない。最近では東南アジアからの来寧《らいねい》も増え、また季節によっては東欧や中南米からの団体もある。ここ数年で海外からの旅人が増え、境内は閑散期がなくなった。

二〇一八（平成三〇）年に訪日した外国人旅行者数は、日本全体でついに三千万人を超え過去最高の記録となった。政府は将来、四千万人を目標に掲げている。その一方で、インバウンド政策が生みだしたオーバーツーリズムは、日本の伝統や文化を喰い荒らし、各地で問題が噴出し始めた。興福寺界隈の状況も一変し、古都奈良の相貌は急激に崩れた。

中金堂落慶（8頁）の半年ほど前、落慶法要の日程を記した小さな幟《のぼり》と記念品を持ち、手分けして興福寺界隈の商店街およそ五百店舗を挨拶に回った。その反応は千差万別で、喜んでくれるところもあれば、「うん？　興福寺ってどこですか」という驚きのリアクションもあった（これはある意味行った甲斐があったけれど）。そして何より言葉を失ったのは、「うちは神社や寺のことには一切協力しない」というお店があったことだ。もちろん色々な事情があるうえで、そういう考えをするのは仕方ない。されど店を構える場所は歴史的、宗教的にも重要な場所である。

「大仏商法」という言葉をご存知だろうか。奈良観光のメインは大仏と鹿、それにあぐらをかいて積極的に商売をしないという意味だ。そんなふうに何十年も揶揄《やゆ》され続けてきたが、平城遷都祭（二〇一〇〈平成二二〉年）以降、若い店主の台頭や磨かれた発想により、それが払拭《ふっしょく》されてきたという感はあった。しかし、昨今のインバウンド頼りの一極集中消費は、利益を優先するあまり、奈良の観光を安売りし、芽吹いた色と誇りを見失うことにつながった。

そして興福寺も徐々にその風を受け、余所事ではなくなってきている。インドやスリランカ、東南アジアの寺院を参拝する際、靴を脱ぐことはもちろん服装についても厳格な規制がある。以前は境内を歩いていると海外の旅人から、「堂内に入るには靴を脱ぐ必要があるのか」とたびたび聞かれることもあったけれど、最近ではほとんど耳にしなくなった。日本の宗教施設は、そういう峻厳《しゅんげん》さとは逆で、良くも悪くも曖昧になっているあり様は否めない。

この先、正しい文化や習わしを伝えることを忘れば、〝ほんまもん〟が何か分からなくなる。気がつけばうま味だけを吸い尽くされ、涸れ果てるのは時間の問題だ。

千三百年前、シルクロードの終着地・奈良は渡来人が往来する国際都市であった。今ふたたび、その時代を迎え、奈良の文化力を世界にあまねく知らせるチャンスを無益にしてはならない。

※本稿は新型コロナウイルス感染拡大前に執筆しました。

大道目前に在り

Movie of Eizoshi Tenpyo no Inori/Koichi Hozan

不都合と好都合

二〇一一（平成二三）年の東日本大震災以降、貫首《かんす》を先導に被災地復興を祈念する東北巡礼を続けている。二〇一四（平成二六）年の八月と十月には福島県富岡町を訪ねた。町は収束のめどがたたない福島第二原子力発電所の十キロ圏内に位置する。我々が訪れた時、津波に呑み込まれたままの駅に設置されたモニタリングポストは〇・三シーベルトを示していた。それまでテレビや新聞でしか見たことのなかった数字を目の前にして、何かを訴えようとしたが声は出なかった。

富岡の駅から少し車を走らせると、桜の名所として知られた夜ノ森《よのもり》公園がある。近くのお寺の住職がそこまで案内をしてくれた。線量計のアラームが鳴る以外は、気味が悪いほどの静かな町を歩いた。厄介なことに不安の要因である放射線は目に見えない。頭で理解していたことを体感して、そう……これが現実だと目が覚めた。

巡礼では、全域が避難地区に指定されてからも、たった一人村に留まった宮司《ぐうじ》がいる綿津見《わたつみ》神社（飯舘《いいだて》村）へも参拝をした。宮司は、「神さまを遷座《せんざ》させることはできない、自分がここに残ることで氏子と村をつなぎ安心させることができる」。そう言って社を護られていた。

興福寺から百キロ圏内には三つの原子力発電所（高浜・大飯《おおい》・美浜）がある。国内の原発は海辺にあるイメージが強く、海のない奈良ではほとんど意識されてこなかった。しかし、それらの発電所で事故が起こった場合の被ばく地域をシュミレーションすると、巨大な弧の中に興福寺がすっぽり収まる。今まで伽藍護持《がらんごじ》のため防火や耐震、免震などの対策が講じられてきたが放射能の問題ともなれば、対応は非常に困難だ。もし奈良公園エリア一帯が避難対象地域となったら、諸尊《しょそん》、堂塔はどうなるのだろうか。私たちにその覚悟はあるのだろうか。一体誰が諸尊をお守りするのか。

近くても遠くても私たちの住む大地で起こったことである。不都合には目をつぶり、好都合なものだけを見るわけにはいかない。夜ノ森公園を案内してくれた住職が「この行く末を見届けるまでは死ぬことはできない」と重い口を開いて語った言葉が今も耳に響いている。

明日の光明

仏教・文化・技術などは遣唐使によって西域から日本に伝えられた。同時に南アジアを流出源と考えられる天然痘も運ばれ、奈良時代には、この流行病《はやりやまい》で人口のおよそ三割が亡くなったとされる。医学が発達していない時代、目に見えない疫病は怨霊のしわざとされ、その除災を法力《ほうりき》による神秘的所作に求めた。宮中で始まった行事には、いまもかたちを変え伝わっているものがある。例えば、追儺会《ついなえ》（鬼追い式）がその一つで、疫病の鬼に扮した舎人《とねり》※を、鬼を追う人になった大舎人長《おおとねりちょう》が追払う儀式が後に節分の豆まきとなった。

新興感染症と呼ばれる近年のパンデミックは、二〇〇二（平成一四）年のSARSや二〇〇五（平成一七）年の鳥インフルエンザが記憶に新しい。これらの感染症は国内での感染拡大こそなかったが、二〇二〇（令和二）年一月に中国・武漢《ぶかん》から発生した新型コロナウイルスは世界中に猖獗《しょうけつ》し、私たちも類の無い局面に立った。医療崩壊や、前例のないロックダウン（都市封鎖）による人の移動規制、そして、経済の動き

も止まり世の中が一変した。ただならぬ世紀末と言える事態に、これまで何気なく過ごしていた日々も、今後のことすら見通せなくなり、暗夜をさまよっている気分だ。

その一方で、医療従事者への感謝の念や苦境を共にする中での助け合いが広がり、不便さにも少しずつ慣れて、モノや時間を大切にすることに気づくことができた。一見バラバラに過ごしている社会でも、困っている人を誰かが支援し、独占せず譲り合うというような、他者との一体感や支え合いを考えるきっかけにもなった。

極微のウイルスは、人と人が接することで広がってゆく反面、人と人が協力し自制心を保つことによって感染拡大を防ぐことができる。未知の感染症への対策は、日和見的なものではなく、正しく知り、それに基づいた行動や判断をすることが肝要ではないか。無知は心をざわつかせ、偏見や不信感をも引き起こす。未曽有《みぞう》の災禍《さいか》に向き合うからこそ、私たちは協力することの大切さに気づき、立ち止まって日々の暮らしを見直す契機にできた。

自然のなかにある小さな存在一つ一つが集まり、共生することで世界は成り立っている。明日の光明を分かち合えば、この困難も乗り越えることができると信じたい。

※舎人……祭儀の雑務を行う者。

一瞬を想う

風が冷たくなる秋口、大分での講演を終え足早に宮崎まで南下した。ひとしきり海岸で波と戯れ、山の向こうに夕日が落ちるころ、真っ黒に日焼けした青年に出会った。大きな荷を背負っているのが気になって声をかけてみたところ、五月に千葉を出発し、およそ半年かけてここまで歩いて来たという。四国では八十八ケ所霊場も満願《まんがん》したというから驚きだ。

「次はどこへ？」

それとなく尋ねると、

「鹿児島まで南下します。その後は九州西部を海沿いに歩いて、福岡で格安航空券を探してから暖かい沖縄を目指します」

そのように青年は笑顔で語ってくれた。それを聞いて私は、

「沖縄へ行くなら鹿児島からの方が近いのでは？」と返した。

そうして話をするうちに、いつのまにか残照は消え海面に一筋の道が輝いた。私は

Movie of Eizoshi Tenpyo no Inori/Koichi Hozan

静かな月の囁き

その美しい光景を収めようと、慌ててカメラのシャッターを押し続けた。

しかし青年は

「きれいな月ですね」

と一言だけ呟き、静かに眺めてから、真っ白な月の灯をカンテラにして自炊を始めた。

あ……その瞬間、私は急に恥ずかしくなった。なんと余裕のないことか。同じ一日でも、私の時計と彼の時計では、時間の進み方がまるで違うのだ。彼はゆっくり流れる雲のように長い時間をかけてここまで歩いて来た。たとえ少し遠回りになっても、積み重ねた時の長さは豊かなもので、その折々を大切に過ごしてきたのだろう。

自分の時の速度はどうだ？　今ひとたび立ち止まり考えてみる。朝起きてから寝るまで時計とにらめっこする毎日ではないか。たまには時間という観念にはまることなく、今という一瞬を大切にする。そのことに気づかされた出会いとなった。

至宝を受け継ぎ、次世代へ

憂い顔の阿修羅像

阿修羅像は「国宝 阿修羅展」（二〇〇九〈平成二一〉年東京国立博物館／九州国立博物館）で社会現象を巻き起こして、日本一の至宝に君臨したが、興福寺の歴史の中では、近代になるまでその存在はほとんど語られることはなかった。平安後期に書かれた『七大寺日記《しちだいじにっき》』には「興福寺で見るべきものは八部衆と十大弟子」とあるだけで、「八部衆」という阿修羅像が属する仏像群の名が出てくるにとどまる。『七大寺日記』から九百年が経ち、明治に刊行された『和州社寺大観《わしゅうしゃじたいかん》』に「三面六臂《さんめんろっぴ》等の乾漆《かんしつ》像がある」という阿修羅像の姿を形容した記事がやっと登場する。

阿修羅はインド古来の神で、一般に戦闘神の姿（憤怒）であらわされるが、興福寺の阿修羅像に怒りの表情はなく、どこかもの哀しい顔をしている。天平時代、光明《こうみょう》皇后《こうごう》が母・橘三千代《たちばなのみちよ》の菩提を弔う為に造像したこの阿修羅像は、一七一七（享保二）年まで西金堂に安置されていた。しかし西金堂焼失後は、その居場所を転々と変えている。明治頃の官報によると東金堂に安置されていたようだが、一八八八（明治二一）年に写真家・小川一真《おがわかずまさ》によって阿修羅像が中金堂で撮影されているので、その頃には東金堂から中金堂に移坐されていたことになる。その後、阿修羅像は帝国奈良国立博物館（現・奈良国立博物館）に寄託され、博物館を仮の住まいとすることになった。そして一九五九（昭和三四）年に興福寺国宝館が完成したタイミングで興福寺に還座することになったのである。

阿修羅像については明治から昭和初期にかけて多くの文豪が語っている。その端緒は一九一二（大正元）年に刊行された『國華《こっか》』の中で、阿修羅のみを取り上げて、その美を評価したことに始まる。それ以降、和辻哲郎《わつじてつろう》や堀辰雄《ほりたつお》、會津八一《あいづやいち》、白洲正子《しらすまさこ》が阿修羅の宗教美を作品として残していることはご承知の通りだ。

今でこそ日本を代表する仏像になった阿修羅像。七三四（天平六）年に造像されて、間もなく千三百歳を迎えるが、その美に注目が集まるようになったのは、ほんの百年前のことである。

「国宝 阿修羅展」の成功と反省

私は興福寺で長らく広報や企画事業を担当している。いくつか展覧会を手掛けてきた中でも、「国宝 阿修羅展」に関われたことは、得難い経験になった。

東京と九州を合わせ、およそ百七十万人を動員し、現今の仏像ブームの礎《いしずえ》を築いた。働き方改革が言われる前の時代、あの頃のメンバーはとにかくガツガツ働いた。毎日新しいアイディアが生み出され、SNS以外の仕掛けはやりつくした感がある。寺務所のソファーで仮眠をする生活が続き、腰が痛くなり目を覚ますと、夜中にメールが飛び交い、大量の校正紙がFAXで届いていることなどはざらであった。「あ～～、みんな頑張ってるなぁ」、あの時は若かったこともあり、そんな状況に疲れを感じることはなく、むしろテンションは上がった（笑）。

そんな準備の甲斐もあって空前絶後の大成功を収めた。だが苦い反省点もある。「阿修羅展」の企画は二十世紀の終わりごろから醸成《じょうせい》して、興福寺が創建千三百年を迎える二〇一〇（平成二二）年前後に開催を目論んでいた。節目を記念する展覧会だった

こともあり、「天平の文化空間の再構成」を合言葉に中金堂再建への関心・協力をいただこうというのが本来の狙いであった。しかし、いざ開幕してみると、阿修羅がすんごい勢いで突っ走ってしまったので、肝心なところはほとんど伝わらなかったと思う（苦笑）。展覧会の入館者数が十万人、二十万人と大台を超える度に、周囲から「なんぼ儲けるねん？」と冷やかされたが皮肉なことに、世間の眼差しは興福寺にはなく、たえず阿修羅像に向けられていた。

阿修羅像が信仰の対象ではなく、美術品としてフィーチャーされてしまったことが最も反省すべき点だろう。一日の最多入館者数が世界一（二〇〇九〈平成二一〉年当時）を記録したにもかかわらず、展示台にお賽銭を置いていったのは、私の知る限りたった一人だった。

会場の東京国立博物館には大きな人工池があって、池の周りにはとぐろを巻くように入場待ちの列ができあがった。よほど退屈だったのか、いや、水に対する信仰でもあるのか、みなさん池の中にぽいぽい小銭を投げ入れる。しかし、ひとたび館内に入れば、我先にと阿修羅像を目指し駆け上がり、手を合わすこともなく、見る、見る、見る。魅せるために展示しているので、それは仕方ないと自分に言い聞かせる一方で、祈りの空間を作り出せなかったことは、悔いを残すことになった。

「阿修羅展」以降、おかげさまで阿修羅像はあらゆる世代に認知された。展覧会の盛り上げのため、企画や宣伝は大幅に振り切ったこともしたので、阿修羅像は美術品であるという膠着を破るために相当苦労した。いくら知名度があってもあくまで信仰の対象としての尊像なのだ。

たくわえた糧を活かし、二〇一七（平成二九）年に国宝館をリニューアルする際には、仏堂空間であることを意識して、照明や安置に工夫を凝らした。阿修羅像は私たちに向かい合掌している。仏さまと対峙する時は、まず心を静め合掌、そう自省の念を込め、あの時言えなかったことを言い続けている。これが一番の財産になったことは間違いない。

Movie of Eizoshi Tenpyo no Inori/Koichi Hozan

心を静める
祈りの空間

現状維持への警鐘

当山が所蔵する国宝・阿修羅像は一九〇二〜一九〇五（明治三五〜三八）年に日本美術院を創設した岡倉天心《おかくらてんしん》と美術院の中で彫刻実技を担当した新納忠之介《にいろちゅうのすけ》によって修理が施された。この時、右手合掌手と肘から失われていた腕などが木彫で補われた。また現在残る彩色《さいしき》は、十一世紀と十三世紀に補彩されたものだ。阿修羅像は日本で一番知られた仏像と言っても過言ではない。その表情に多くの人が魅了され、宗教美に吸い寄せられている。しかし、よく考察すると私たちが拝観する阿修羅は、鎌倉時代の彩、明治時代に修復された姿であり、厳密に言うなら天平時代の阿修羅に魅かれているのではない。

文化財保護法が制定（一九五〇〈昭和二五〉年）されてから、国宝や重要文化財指定の尊像の欠損箇所、剥落箇所を復元する事は長年にわたりかたく禁じられてきた。もちろん、これにはいくつか所以《ゆえん》があるわけで、もともとの姿が分からないことや、仮に修復したあとに新たな発見があった場合、再び修復することが困難となる可能性も否定はできないなどがあげられる。そして一番の理由は、携わる側の感性や技量が均一ではなく、個々に違うということだ。修復後の姿が職人の手に一任されてしまう。記憶に新しいのは、数年前にスペインの教会であった絵画修復で、まったく違う姿に変わってしまい大きな問題となった。

近年ではIT技術の躍進により、CGで当時の姿を再現する技術が格段に進歩した。二〇一三（平成二五）年に東京藝術大学大学美術館で開催した「国宝 興福寺仏頭展」では、企画の一つとして、銅造仏頭をCGで復元しようという話が持ち上がった。しかし、いざ取り組みを始めると、坐像なのか立像なのか、あるいは※倚像《いぞう》なのか、資料に乏しく明確にすることができない。そのような内情から第一線で活躍する先生方にことごとく監修を断られてしまい諦めることになった。

CGですら再現が難しい現状を考えれば、実物を復元することはさらに至難の技である。もし破損した状態の阿修羅像が国宝館に安置されていて、修復することになっても、現状の見解や方針基準では合掌手の阿修羅像は永遠に見ることはできないだろう。

この先、現状維持を続けているだけでは、技術の向上は望めないことを危惧している。中世に興福寺復興に奮迅《ふんじん》した康慶や運慶をはじめとする奈良仏師は、平家による南都焼討ちによって、燃え盛る焔と火の粉が風に煽られる中、堂塔が焼け落ちた姿や、御仏が灰燼《かいじん》に化したのを目にしたかもしれない。焔から救い出された仏像は天平時代の乾漆像《かんしつぞう》、東金堂にあった四天王立像や板彫十二神将像《いたほりじゅうにしんしょうぞう》など数えるほどしかなかった。その後、慶派一門がそれら御像を手入れしなければ、今日まで残らなかったことはあり得る。何より、そのような転機に古仏の修復や古典の学習を素地として、新しい技法と経験を重ねることで、類の無い仏像を生み出せたのではないか。そうして、先人の技を余すところなく学び、今の時代でも到達することのできない技巧を築いたのは間違いない。

文化財保護基準の現状維持は一理あるが、時間をとめない限り現象も同一ではあり得ず、どこかのタイミングで復していくことを視野に入れなければ、かたちあるものはやがて消えてなくなる。今すぐではなくても、私たちの世代で基準の見直しを希求する支度を始めたい。

※倚像……台座などに腰かけて両足を下にたらしている姿。

慈しみと祈り

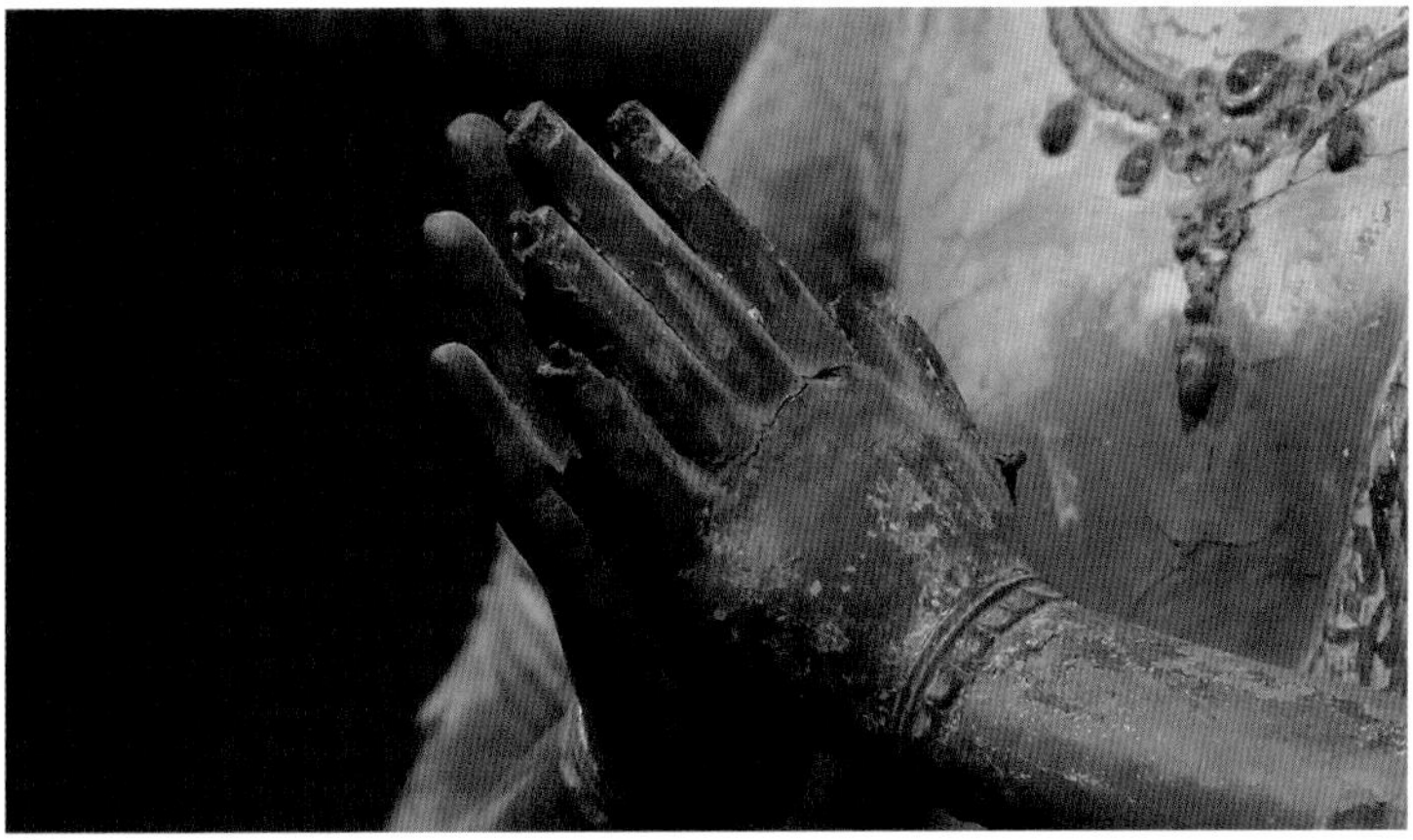

Movie of Eizoshi Tenpyo no Inori/Koichi Hozan

わたしは迦楼羅《かるら》派

「アシュラー」なんて言葉が流行語大賞にノミネートされたのは十年前の話。阿修羅好きを意味する言葉は、日本中に仏像熱をうねらせた。

当時、幼稚園児にどの仏像が好きかなと聞けば、いっせいに「あしゅら〜」コーラス。阿修羅の勝ち誇ったお顔の傍らで、他の八部衆が悔しそうに見えた。「国宝 阿修羅展」以降、その人気は不動となったが、いやいや、「わたしは迦楼羅派」という仏像ファンもことのほか多い。頭にはとさか、黒々とした眼、大きなくちばし。そして最大の特徴はお顔が鳥‼ 異形な姿は阿修羅にも引けを取らない。首にはさりげなくスカーフを巻き、オシャレにも気をつかっている。迦楼羅はサンスクリット語のＧａｒｕｄａ（ガルダ）の音写。金翅鳥《こんじちょう》と漢訳される。インド神話上の巨鳥であり、なんと龍を常食するという恐ろしい一面も。

個性派ぞろいの八部衆は、いずれも異教の神が仏法守護のため仏教に取り入れられた。その性格や姿かたちは様々に説かれ、不明な部分も多いけれど、この八部衆を造像したのは、渡来系の仏師である将軍万福《しょうぐんまんぷく》や画師《がし》秦牛養《はたのうしかい》であったことが分かっている。驚くのはきわめて独創的とも言える御像をたった一年で完成させていることだ。

神々の生い立ちは異なり、知れば知るほど興味が湧いてくる。国宝館では阿修羅を中心に八部衆が並ぶ。一番人気は阿修羅に譲るが迦楼羅は大きな眼を見開き、ナンバー2の座は譲らない、俺を見ろと言わんばかりに今日も瞳を光らせている。

国宝 迦楼羅像

南円堂の仏さん

二〇一八（平成二九）年、南円堂安置の四天王立像（康慶作）が国宝指定を受けたことにより、当山は日本一多くの国宝仏像彫刻（十八件）を所蔵する寺院となった。奈良は歴史上大きな戦火や災害が無かったことを理由に、多くの至宝が今日まで伝来すると言われるが、ご承知の通り、興福寺の歴史は度重なる大火や明治時代の廃仏毀釈《はいぶつきしゃく》を抜きには語ることはできない。

興福寺伽藍被災年表

一〇四六（永承元）年　北円堂・倉を除く諸堂焼失
一〇四九（永承四）年　北円堂焼失により創建時の伽藍が失われる
一一八〇（治承四）年　平重衡《たいらのしげひら》の兵火により伽藍全焼
一二七七（建治三）年　伽藍中心（金堂・講堂・南大門等）が焼失

一三二七（嘉暦二）年　伽藍西半分（金堂・講堂・西金堂・南円堂等）が焼失
一四一一（応永一八）年　伽藍東半分（五重塔・東金堂・大湯屋《おおゆや》）が焼失
一七一七（享保二）年　伽藍（金堂・講堂・西金堂・南円堂・南大門等）がほぼ全焼

年表に記したのは大火のみであり、小さなものを数えると百は超える。つまり、興福寺の歴史は焼失と再建の繰り返しでもある。

十八件のうち十二件の国宝が鎌倉時代であるのは、平重衡による南都焼討ち後、復興事業に携わった康慶・運慶一門の活躍が大きい。康慶は南円堂、運慶は西金堂や北円堂の造仏を担当し、康慶作の現存する仏像十二躯のうち十一躯（不空羂索《ふくうけんさく》観音菩薩坐像・法相六祖《ほっそうろくそ》坐像・四天王立像）が南円堂に所在する。南円堂は創建以来、四度焼失（一〇四六年・一一八〇年・一三二七年・一七一七年）しているが、現在の本尊は先に述べた通り鎌倉再興時に造像（一一八九〈文治五〉年）された御仏である。像高三メートルを超える巨像で、一三二七年と一七一七年の大火では運び出され難を免れた。等身大の法相六祖坐像ならまだしも、炎と煙が渦巻く中、どのようにして本尊を堂外へ運び出したのであろうか。

本尊は頭部、手足等を分けて取り放たれ、法相六祖像・四天王像・板絵とともに猿沢池、あるいは唐院《とういん》の前の池（北円堂北隣）に投げ入れられ、火災の難から免れた。翌日、取り急ぎ食堂、三倉《さんそう》、唐院へ入れ、さらに他の諸尊とともに三倉と食堂に集められた

『興福寺伽藍炎焼之記』（天理大学図書館保井文庫／享保二年丁酉年正月四日条）

一七一七（享保二）年正月四日に講堂内陣《ないじん》より出火。火の手は北室、西室、中室、鐘楼《しょうろう》、経蔵《きょうぞう》、金堂、廻廊、中門、南大門、西金堂へと順に広がり、瞬く間に南円堂へも類焼した。「興福寺伽藍炎焼之記」によれば、本尊は解体され、堂内諸仏《どうないしょぶつ》・板絵は猿沢池か唐院前の池に投げ入れられたとある。この猿沢池の逸話は一部に知られた話ではあるが、実はこの内容については疑義がある。「興福寺伽藍春日社寺境内図」を見ると当時石段はなく、堂は西南の高台に建立されていたことが分かる（石段は百

年以上後の一八七五〈明治八〉年、竹林寺〈生駒市〉より移された）。現在のように石段があれば容易に猿沢池に下ることはできるが、当時の状況では少々困難に感じる。臆見《おっけん》になるが北円堂と三重塔はこの時の災禍を免れているので、西扉から諸仏を搬出し、猿沢池ではなく唐院前の池まで運んだと考える方が無難ではないか。現存する御像の状態を見る限り、池に投げ入れたとは到底思えない。もちろん水を掛けるぐらいのことはしたかもしれない。ただし、板絵に描かれていた祖師画はほとんど剥落しているので、こちらは投げ入れた可能性は十分に考えられる。

南円堂の北側に立つと、西金堂が目と鼻の先にあったことがよく分かる。迫りくる炎の中から必死に尊像を救い出したことを思念した時、今我々がそういう状況に直面したら、いったいどうやればお救いできるのか。伽藍護持《がらんごじ》が求められるなか、防災意識の持続は最大の悩みでもある。

数奇な仏頭

国宝館に安置されている銅造仏頭《どうぞうぶっとう》（旧東金堂本尊）は、もともと※1山田寺《やまだでら》にあった丈六仏《じょうろくぶつ》である。

山田寺と丈六仏に関する因縁は『上宮聖徳法王帝説《じょうぐうしょうとくほうおうていせつ》』の裏書《うらがき》から知ることができる。山田寺は六四三（皇極天皇二）年に金堂が創建された。しかし、創建者の石川麻呂《いしかわまろ》は中大兄皇子《なかのおおえのおうじ》に対する謀反の疑いをかけられ、六四九（大化五）年三月二五日に金堂で非業の死を遂げる（後に冤罪と判明）。

六七八（天武天皇七）年十二月四日に丈六仏の鋳造《ちゅうぞう》が始まり、六八五（天武天皇一四）年三月二五日に開眼供養《かいげんくよう》が行われた。六八五年は石川麻呂の三十七回忌であるため、丈六仏は石川麻呂追善供養のために造像されたと考えられる。

この御像は鎌倉時代以前の文献には、丈六仏と記録にあるだけで、その姿は坐像なのか立像なのか倚像なのか、はたまた薬師なのか阿弥陀なのか釈迦なのか、ということも判明していない。興福寺へ運ばれた経緯については諸説ある。南都焼討ち

（一一八〇〈治承四〉年）から五年後、堂は再建されたものの、一向に本尊の造像が始まらないことを見るに見かねた堂衆（僧兵）が、山田寺へ押しかけ東金堂へ運んだ、というのが一般に知られた説である。

しかし、なぜ山田寺であったのか、このことについては未だ明確になっていない。最近では※2仁和寺《にんなじ》の興福寺末寺横領の返報として、当時、仁和寺末であった山田寺から御仏を奪取したという説（お茶の水女子大学名誉教授　安田次郎氏）が有力視されている。

仏頭は（頭部だけでおよそ五百六十キログラム）体躯《たいく》があれば四トンを超えると推測される。山田寺から運ばれたのは、丈六仏だけではなく、現東金堂に安置されている日光・月光の二躯も一緒に移座された。重機のない時代、人力で運ぶには、その立地と行程も慎重に考える必要があったことは間違いない。調べると、興福寺から山田寺は直線距離にして二十二キロメートル。ちょうど真南に位置しており、車であれば一時間の距離となる。山田寺の標高が百二十二・二メートル。興福寺が九十メートルの高さにあるので、高低差はおよそ三十メートルになる。行程の七十パーセントが下りということが分かった。

兎にも角にも一一八七（文治三）年、東金堂衆により丈六仏は移安された。しかし一四一一（応永一八）年の大火で東金堂は焼失。その際、丈六仏の躰は焼け頭部のみが残された……。時は流れ一九三七（昭和一二）年十月二九日、失われたはずの御像が東金堂の解体修理中に発見された出来事は大きなニュースになった。発見者の一人である奈良県の古社寺課所属の黒田昇義《のりよし》技官が当時の様子を語っている。

薬師如来の板壁をはがすと、台座の下に四隅の柱と、四つの支柱に守られた小空間が現れた。内部にはあの仏頭が。夕暮れ時だったので検分は翌日に持ち越され、同僚と寝ずの番をした。一升瓶の酒が差し入れられたが、飲んでも興奮で震えが止まらなかった。（中略）翌朝六人で取り出した。しみじみと眺めた時の興奮はなお残っている。

発見時、おそらく山田寺から運ばれてきたものであると見なされたが、明確に判明したのは一週間後のことであった。

仏頭の頭部は破損して、左耳上の頭髪部に縦に入った鋭角的な深い窪みがある。上からのぞくと歪んでいて、瞬間的に強い衝撃を受けたのではないか。堂が焼けた時、上から落ちてきた梁《はり》が頭部を直撃したのかもしれない。劫火《ごうか》に焼き尽くされ鍍金《ときん》はその時に大半が失われたと考えられる。

二〇一八（平成三〇）年に国宝館を耐震工事するにあたり、仏頭は八十年ぶりに東金堂へ里帰りした。日光、月光と並び安置されたのは、なんと六百年ぶりのことであった。三尊が久々の再会に何を語り合ったのか、想像するだけで楽しくなる。

東金堂へ還座された日、どうしてここに遺《のこ》されたのか、そんなことをぼんやり考えていた。仏頭は暑い日も寒い日も、いつでも微笑んでいる。瞳が優しい。仏像に対峙して自然と目を向ける先はお顔、その仏眼ではないだろうか。台座の中に納められた時、仏頭は本尊と同じ西向きに奉安された。石川麻呂亡き後の世界をあまねく見てきた仏眼に伽藍安穏《がらんあんねい》を祈念したのかもしれない。おかげで東金堂は一四一五（応永二二）年に再建されて以降、被災することなく今日まで至った。数々の苦難を重ねた胎動は、興福寺の歴史を今も照覧し続けている。

※1　山田寺……現在の桜井市にあった寺。蘇我倉山田石川麻呂（そがのくらやまだのいしかわまろ）によって建てられた。

※2　仁和寺の興福寺末寺横領……興福寺一乗院の末寺であった大覚寺（京都嵯峨）を一一八六（文治二）年に仁和寺が横領する事件があった。

興福寺と大仏師運慶

「大仏師《だいぶっし》興福寺《こうふくじ》内相応院《ないそうおういん》勾当《こうとう》運慶《うんけい》」

一九五九（昭和三四）年四月、神奈川県横須賀市にある浄楽寺《じょうらくじ》所蔵の五躰《ごたい》を調査した際、毘沙門天立像《びしゃもんてんりゅうぞう》から銘札《めいさつ》が発見された。南都を起点に新しい表現を創造した鬼才の仏師運慶は、興福寺の僧侶でもあった。

当山には二つの円堂があり、北円堂には運慶作の弥勒如来坐像《みろくにょらいざぞう》が、南円堂には、運慶の父である康慶《こうけい》作の不空羂索観音菩薩坐像《ふくうけんさくかんのんぼさつざぞう》が安置されている。康慶は運慶の実父にして、慶派の始まりと言われるように、運慶はもとより、快慶《かいけい》や定慶《じょうけい》を育てた偉大なる師だ。慶派は十一世紀中頃に名をはせた仏師・定朝《じょうちょう》から派生した三つの仏師集団のうち奈良仏師の流れをくむ。康慶が属した奈良仏師は、興福寺の再興造仏にたずさわった頼助《らいじょ》を祖とし、これ以降、奈良仏師は興福寺と密接につながっていく。康慶は頼助の孫にあたる康朝《こうちょう》の弟子と考えられる。

【仏師の系譜】

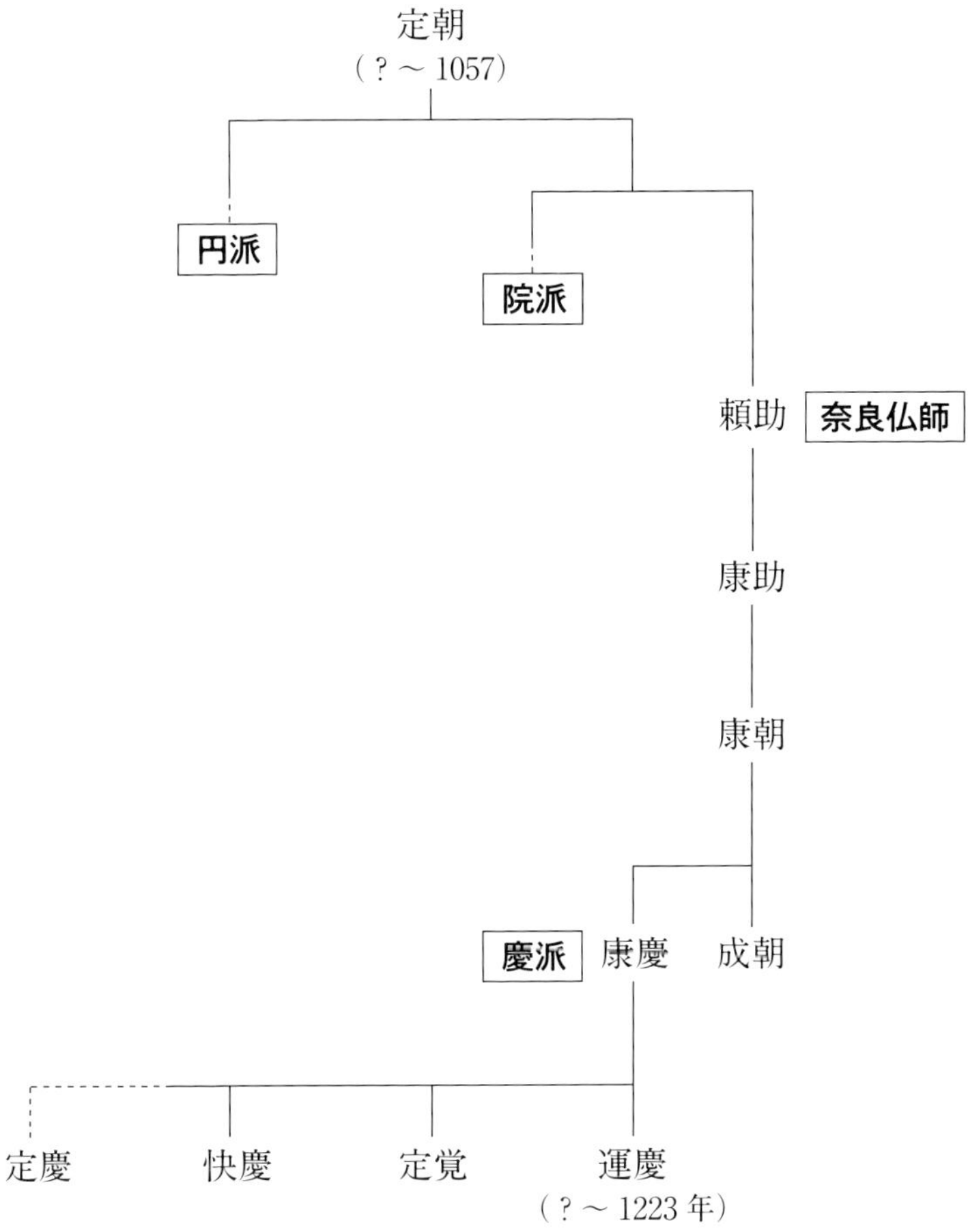
定朝
（？～1057）
円派
院派
頼助
奈良仏師
康助
康朝
慶派
康慶
成朝
定慶
快慶
定覚
運慶
（？～1223年）

康朝には成朝という息子がいた。成朝こそ奈良仏師の正系にあたるが、一一九四（建久五）年の興福寺金堂の造仏を最後に姿を消してしまう。若くして亡くなったのだろうか。興福寺に伝わる飛天や化仏《けぶつ》は、成朝の作ではないか、と考える研究者もいるので、こちらは今後の調査を待ちたい。また康慶の没年についてもこの前後であると推察され、おそらくこの頃に運慶が慶派一門を率いていくことになったと考えることができる。

運慶は生年が明らかになっていないなど、不明な点も多い。当初慶派は円派《えんぱ》、院派《いんぱ》に比べると目立った活躍はなかったようであるが、興福寺を中心とした仏像修復は古典を学習する機会となり、造像技術改善の追い風になった。中金堂四天王立像を調査したX線CT画像を確認すると、限界まで内刳《うちぐ》りされた像内は、脱活乾漆《だっかつかんしつ》像の修復からヒントを得ている可能性を感じた。

先人の知恵を学んだ上に、新たなアイディアを足すことで、慶派は定朝様《じょうちょうよう》とは異なる新しい試みをおこなっていった。張りのある体躯《たいく》、写実的な衣文《えもん》。何より玉眼《ぎょくがん》という技法を生みだしたことで、実在世界を超える仏像が誕生した。

慶派の神技を極めた運慶だが、その造像した仏像は、今のところ三十躰前後しか現

存しない。もっとも、運慶の作が多数現存していることが分かったのは、近年のことで、一九五九年以前、運慶の真作と認められていた仏像は七躰しかなかった。それが半世紀で四倍近くになったのであるから、近い将来新たな発見があるかもしれない。

運慶最初の作と言われる仏像は、奈良・円成寺《えんじょうじ》の大日如来坐像《だいにちにょらいざぞう》である。二十代頃の作と考えられ、十一ヵ月をかけて造像したことが分かっている。腕の角度を緻密に調整し、細かな修正の跡も残っていて、創意工夫を重ねたことが窺える。一九二一（大正一〇）年、台座蓮肉の天板裏側より発見された墨書名が運慶研究の端緒《たんしょ》となった。

北円堂に安置される無著《むじゃく》菩薩立像・世親《せしん》菩薩立像は運慶晩年の作である。無著と世親は北インドに実在した僧侶で、法相宗の礎となる唯識《ゆいしき》教学《きょうがく》を体系化した。その教理はインド、中国そして興福寺へと相承《そうしょう》されている。無著菩薩の瞳はグレーで、よく見ると二重瞼《ふたえまぶた》である。運慶が造る異国の姿は感慨深い。

運慶が北円堂諸像の造像に着手したのは、一二〇八（承元二）年とされる。南都焼討ち後に、運慶が一堂の大仏師と考えられていたのは、北円堂のみであったが、近年、西金堂の釈迦如来坐像を堂内に安置したことが『類聚世要抄《るいじゅせようしょう》』に記載されている発見があり、西金堂も担当していたことが判明した。西金堂には阿修羅像をはじめとする天平乾漆像が安置されていたので、南都焼討ち後、修復に関係した可能性は十分に考えられる。

運慶一門は南都を軸にしながら鑿《のみ》をふるっているが、その仕事は東国《とうごく》にもおよぶ。ただし運慶自身が東国へ下向《げこう》し仏像を彫ったかは謎である。移動距離や用材確保という点だけを見れば東国への下向はなかったと考えられるが、先に述べた西金堂の釈迦如来坐像は、一一八六（文治二）年正月に未完成のまま堂内に安置されたことが分かっていて、四カ月後に毘沙門天立像《びしゃもんてんりゅうぞう》（静岡県願成就院《がんじょうじゅいん》）の造像を開始していることから、西国《さいごく》と東国を行き来していた可能性は完全に否定できない。また、西金堂本尊が完成したのは一一九四年で、お像は八年にもわたって未完成のまま置かれていたことになる。さて、これをどのように考えるかは皆さんの想像に委ねたい。

彫刻史に類のない仏像を研鑽した運慶。目に見えない部分こそ手をぬかず仕上げ、寸前まで修正を加えたのは、自身のこだわりではなく神仏の目を意識したからに違いない。リアリティを超えて魂を宿した御仏と向き合えば、見るより見られることに気づくだろう。

手を合わせ
耳をかたむける

Movie of Eizoshi Tenpyo no Inori/Koichi Hozan

興福寺の今と昔
そしてこれから

神かまうな、仏ほっとけ

二枚の加行《けぎょう》札が清掃中ふと目に入った。その札は、四度加行《しどけぎょう》（44頁）という修行の成満《じょうまん》を祈願して書くものである。一枚は三代前の住職のもので、もう一枚は浅《あさ》野《の》行照《ぎょうしょう》と名が記されていた。はて、誰かと気になり、蔵に保管される古い寺務日誌をめくると、戦前、興福寺におられた方で、伽藍護持のため日々奮迅されていたが、一九四二（昭和一七）年二月二三日令状に従い出兵されて、終戦の間際ラバウルで落命されたことが分かった。太平洋戦争中、最大級の日本軍の拠点が置かれたラバウルは、連合軍から幾度となく攻撃を受け、戦況も凄惨なものだったという。最期を想うと、胸が締め付けられる。

戦時中の日誌を読み進めると、奈良は空襲による大きな被害はなかったとされるが、境内には三つの防空壕があった。北円堂の南に掘られた防空壕の話はそれとなく聞いていたが、近年の境内整備で発掘され、実際目にすると当山への余波を改めて感じた。

長老によれば、戦時中一度だけ入った記憶があり、中は水浸しで不安しかなかったという。

歴史上、本土が本格的に爆撃されたのは一九四四（昭和一九）年とされる。政府はその前年十二月に文化財の保全を目的として、仏像などの避難を決定している。この方針を受けて、興福寺でも仏像の疎開に向けて動き出す。片や尊像は文化財ではなく、信仰の対象であることを考えれば葛藤はあったかもしれない。疎開について各山の対応は様々であったようであるけれど、大火や廃仏毀釈《はいぶつきしゃく》という受難を乗り越えた御仏を空襲の危険から守ることは第一であると考え、おおむね実行された。

記録では一九四四年三月十二日に箱寸法を検討、三月二二日には早くも荷造りに着手、その五日後、奈良県第一国宝収蔵庫として指定された円照寺《えんしょうじ》（奈良市）倉庫に運搬された。その後も仏像疎開は続き九月五日に北円堂四天王立像、十月二一日には第二国宝収蔵庫の大蔵寺《おおくらじ》（大宇陀《おおうだ》町）へ東金堂や南円堂安置の諸尊が運ばれた。それでも全ての仏像を移坐させるのは不可能に近く、ましてやご本尊ともなれば易々とはいかない。よって、万一の対策として堂宇の近くには防火水槽が設置され、担架を作り何時でも搬出できるよう準備がなされた。ちなみに阿修羅像をはじめとする八部《はちぶ》衆《しゅう》像や十大弟子像は、一九四五（昭和二〇）年六月十八日に疎開場所が決定、翌月三日に吉野の民家土蔵へ刑務所の受刑者たちの助力を借りて鉄道で移送された。

当然、仏像疎開には多額の費用が入用となり、倉庫借用料、監視手当、なかでも運搬費用の支出が大きく、寺の財政を圧迫したのは間違いない。

長老は戦後、「神かまうな、仏ほっとけという風潮であった。自分たちが生きることで精一杯、誰も興福寺に関心はなかったのではないか」と話してくれた。敗戦は少なからずとも当山にも影を落とした。

「今般進駐軍ヨリ五重ノ宝塔ヘ電気ヲ附ケヨトノ命令アリ其主旨ハ低空飛行ノ場合衝突ノ憂アリ依テ五重塔保護ノ意味ニ於テ施設スル用アリ（中略）其費用ハ懸ニテ負担スルガ毎月ノ電灯代ハ寺カラ支出」

一九四六（昭和二一）年八月十七日、進駐軍から五重塔の相輪に電灯を付けろとの命令があり、その訳は飛行機が低空飛行をした際、衝突を回避する為ということであった。もちろん設置には莫大な費用が必要となり、そちらは県の負担になったが、電気代の支払いは寺に課せられた。また疎開した尊像を戻すにも多額の費用（記録では二千九十円、現在に換算するとおよそ三百九十万円）がかかり、戦後十数年は険しい道のりが続いたようである。

終戦から七十数年が経過。あと三十年もすれば先の大戦を経験された方はいなくなり、戦争の記憶はさらに薄まるかもしれない。戦争を知らない事は平和の証なのだろうか。いや世界を見渡せば、どこかで紛争がおこっている。一時期、頻繁に議論された集団的自衛権が行使されれば、近い将来、日本が戦争に関わることや、巻き込まれる可能性は否定できない。ひとたび戦争が始まればもう引き返すことはできないのだ。歴史の中に集積した記憶は一瞬で消し去られてしまうことになる。

戦時中、諸先徳《しょせんとく》の苦労があって伽藍は護持された。残された札を見て、平和はあたりまえのことではないと痛感した。無関心を装うことを改める導きになった。

明治の荒廃と復興

興福寺は徳川政権下において二万一千余石の知行《ちぎょう》を維持していたため、明治新政権の反対勢力として敵視されており、たえず存亡の危機にあった。明治初めには荒廃が著しく、金堂は官庁舎として使われることになった。仏像を安置する須弥壇《しゅみだん》は、使い勝手が悪いということで撤去され、金堂の諸尊は北円堂や南円堂に移された。さらに鎌倉時代から続いた食堂《じきどう》は一八七五（明治八）年に解体、信じられないことにその跡地には洋風の師範学校が移築された。

一時は管理者不在の無住の寺となったものの、一八七二（明治五）年から一八八〇（明治十三）年までは、西大寺《さいだいじ》と唐招提寺《とうしょうだいじ》によって管理されていた。興福寺は根源的な機能を失っている有様ではあったが、合間にも再興の気運は高まっており、藤原一族の関係者によって【興福会】が設立されたことは大きな転機となる。また、その会により再興の嘆願が政府に届けられ、一八八一（明治一四）年に寺号復興許可が出されることとなった。翌年には管理権が返還、再興に向って動き出す。興福会の設立は復興に向けての契機になったことは確かであるが、そのような激動の中、仏像・教学・伽藍を守るため一意専心《いちいせんしん》した大乗院坊官・多田仲基《ただちゅうき》と興福寺旧学侶・朝倉景隆《あさくらけいりゅう》の存在なくしては今日の興福寺はなかったと言える。

多田仲基は、廃寺を決定したことに反して、奈良府に仏像と伽藍維持を陳情した人物である。当初、驚くべきことに興福寺は多田仲基を譴責《けんせき》して無期閉門に処した。おそらく一山の総意を蔑《ないがし》ろにした行動と捉えたのであろう。閉門は切腹につぐ罪とされているので、激憤は余程であったことが分かる。ただし、この処分に対して奈良府伊勢大参事は、「千有余年、生を寺禄《じろく》に仰ぎし僧侶等、一朝挙《こぞ》って還俗《げんぞく》すれば誰かまた香華《こうげ》を供する者ぞ、仏若し口有りてこれを詰《とが》めるのであれば、如何にこれに答ふるか」と述べ興福寺を難じた。その後、多田仲基は再三にわたり訴えて、「南都七大寺其一《なんとしちだいじそのひとつ》毀《こぼ》つ可《べ》からず」という口達書《こうたつしょ》を得たことで、興福寺のみならず南都諸大寺を護持したその功績は計り知れない。

興福寺学侶《がくりょ》であった朝倉景隆は郡山藩士の次男として生まれ、幼少の頃に入山。その後、興福寺子院の一つ世尊院《せそんいん》最後の院主となった。神仏判然令に従い他の学侶と同じように※春日大社へ奉職していたが一八七三（明治六）年に罷免《ひめん》されている。還俗《げんぞく》してからの記録は、ほとんど残されていないが、一八八八（明治二一）年に園部忍慶《そのべにんけい》（興福寺と清水寺住職を兼務）に従い再び出家して、一八九七（明治三〇）年に亡くなるまで復興に尽力した。特に教学面での奮励がなければ、現在の興福寺には何も伝わらなかった可能性もある。我々が常にお唱えする声明《しょうみょう》も師がいなければ途絶えていたかもしれない。

一八八四（明治一七）年八月二七日にフェノロサと岡倉天心《おかくらてんしん》は興福寺を訪れ寺宝の調査を行っている。寺の記録に詳細は記されていないが、後に仏像修復への布石となったことは間違いないだろう。一九〇〇（明治三三）年、古社寺保存法に基づき、興福寺では五重塔修理を皮切りに仏像・諸堂修復が開始された。保存法はのちに文化財保護法へと改定され、国宝や重要文化財の指定につながる。

運よく今日まで遺《のこ》ったのではなく、絶望の中で何とかして守ろうとした人たちがいたのである。伽藍にて尊像を参拝する時、百五十年前にすべてが失われる危機的状況にあったことを深く念慮《ねんりょ》して、先人の遺徳を思慕《しぼ》し手を合わせていただきたく思う。

※春日大社への奉職……諸院、諸坊の僧侶は、政府への復飾（僧が還俗すること）願いを出願。百三十名余りが春日大社へ新神司として参勤する。

悠久の時に願う

Movie of Eizoshi Tenpyo no Inori/Koichi Hozan

未来につながる技と知恵

二〇一八（平成三〇）年六月十八日、大阪北部を震源とする大きな地震があった。月例法要の準備で国宝館へ向かう途中に緊急地震速報が鳴り、身構える余裕もなく揺れに襲われた。震動の大きさに被害も覚悟したが、幸い尊像や伽藍は無事であった。五重塔や三重塔の耐震性は科学的にも解明されつつあるが、今回の地震では円堂建築に興味深い事象があった。興福寺境内には二つの円堂が現存する。一つは藤原不比等《ふじわらのふひと》の霊廟《れいびょう》として創建された北円堂。もう一つは西国三十三所観音霊場でもある南円堂だ。二つの大きさは異なるが、南円堂は北円堂を参考にして建立されたと伝わる。

地震発生時の状況は、境内に設置されているカメラの映像から確認することができた。北円堂は大きな独楽《こま》が回転するように動いており、それは巨大なエネルギーを外へ放出しているように見えた。一方、南円堂は左右にぎこちなく揺れ、同じ円堂でもまったく違う動きをしていることが分かった。

状況確認のため南円堂に入ると、大風が吹き荒れたように仏具は転がり、内陣は小屋裏から降った砂埃が薄っすらと積もり白くなっていた。一方北円堂は、狭小な須弥壇に九躰の仏像が安置されているので、さらに気がかりであった。おずおず扉を開け堂内を見渡す。不安定な机の上にあった花瓶も燭台も香炉も動いた様子はない。須弥壇を手で撫でてみると、塵すら落ちていなかったのには少し目を疑った。まるで台風の目の中にすっぽり収まっていたかのように思えた。

後日この出来事を、専門家に話したところ、南円堂は江戸時代の再建時に正面に設けられた向拝がブレーキのように作用して、うまく力を逃がすことができなかったのではないか、と推測された。実は円堂建築における耐震構造については、ほとんど調査例がなく、今回の地震を契機に本格的な振動測定を実施することになった。

古建築の小修理は百年、大規模修理は五百年、先人の精神性は我々が超えることのできない領域のように思えてならない。スカイツリーが五重塔の制振構造（心柱制《しんばしらせい》振《しん》）を取り入れたように、古人の技や知恵は、現代に生きる私たちにとってはかけがえのない財産である。円堂調査の解析は間もなく終わる。悠久の伽藍に新しい扉が開くことを大いに期待したい。

竈《へっつい》さん

本坊の土間には立派な竈さんが鎮座しており、今でも年三回、勢いよく煙を吹き上げる。竈では饂飩《うどん》、けんちん汁、かす汁、また正月に御供《おそなえ》する餅を作るためにもち米を蒸す事もある。竈で作る料理はどれも滋味《じみ》豊かで、ガスコンロで調理するのとは比べ物にならない。中でも特に絶品なのが、〝かす汁〟だ。

節分の日、興福寺では日が没してから鬼追い式（追儺会《ついなえ》）を執り行う。その際、虫押さえとして寺の関係者に振舞われるのがかす汁である。このレシピは口伝《くでん》で、代々大切に受け継がれてきた。

当日朝、台所のおばちゃんたちが来てまず行うのは竈を掃除して、行事の安全を祈ること。きれいになった焚口《たきぐち》に薪をくべると、パチパチという音を合図に薪の香りが土間いっぱいに広がって、冷えた空気をやんわりと暖める。大根、人参、里芋など大まかに切られた野菜がテンポよく鍋に放り込まれ、おばちゃんが手際よく味付けをしていく。火の扱いもお手の物だ。昔ながらの方法で作られたかす汁は、具材一つ一つ

Movie of Eizoshi Tenpyo no Inori/Koichi Hozan

また来ん春

の芯まで熱が入り、一口食べると体の内からポカポカになる。これを鬼追い式の前にしっかり食べておけば、真冬の夜間でも、多少の寒さは持ち堪えることができる。このように裏方の支えもあって行事は成り立ってきた。

実はこの妙味を食すことができる場所が興福寺以外にもある。二〇一二（平成二四）年に伝統の味を広く知ってもらおうと、ホテル日航奈良に協力をいただき、興福寺監修のかす汁を朝食の会場で提供することになった。当初は、期間限定ということであったけれど、好評につき、今ではホテルの名物となっている。

「奈良にうまいものなし」という百年近く前の言葉がいまだ引用され、イメージを払拭できていない面もあるが、最近は美味しいお店がたくさん増えたように思う。奈良旅行の際には、ぜひ興福寺秘伝のかす汁も玩味《がんみ》いただき、奈良の名誉回復に一役買っていただければ幸いです！

★興福寺鬼追い式（追儺会）　日時：二月三日　十八時三十分～　場所：東金堂特設舞台（旧暦の関係で節分が三日ではない年があり、鬼追い式の日程もそれに準じて変動する場合あり）
★ホテル日航奈良「セリーナ」　営業時間：七時～九時三十分

生と死のあり方

生命が活気づき始める四月、興福寺では放生会《ほうじょうえ》の法要を執り行う。【放生】とは、殺生や肉食を戒め、慈悲の実践として行うもの。放生会の由来は、中国天台宗の開祖である智顗《ちぎ》が、漁民が雑魚《ざこ》を捨てている様子を見て憐れみ、自身の持ち物を売っては魚を買取り放ったことに始まりとする。

興福寺の放生会は戦前に始まった行事で、一九三三（昭和八）年四月十七日の寺務日誌に初めてその記録を確認することができる。

放生会の当日は一言観音堂《ひとことかんのんどう》で法要を厳修したあと、猿沢池を囲み参拝者と魚の放流を行う。長年そのようにして行ってきたのだが、ここ数年、もともと池に棲息していない生き物を放つことは生態系を壊すと問題視され、ＳＮＳなどでも批判的な声があがっていた。当然、そういった指摘を受けて一時は中断も考えたが、行事の見なおしを軸に据え、数年前から縁のあった近畿大学農学部へ協力を求めた。学術的知見を取り入れ、まずは外来種の放流を取りやめることを決定したうえで、池にいる在来種を事前調査して、もともと生息している魚を採取し再び放流することに改めた。そして肝心要は調査過程で外来種が見つかった場合、除くことを大きな目的とし、池の生態系保全にも努めていくことだ。

他方では、悩ましい問題にも直面した。特定外来種が見つかった場合、環境省の許可や認定なしに生きたまま運んだり、保管することは禁じられている。時には、その場で安楽死させることになるのだ。特定外来種の命といえども奪えることはできるのか。在来種は善、特定外来種は悪と認識されているが、生態系を壊してきたのも人間、その人間が命の線引きをする。人間の都合で、殺《あや》めていい命、殺してはいけない命があっていいはずはない。命の救済と殺生の均衡はどうあるべきか。生と死は区別するものではなく、生と死に隔たりはない。そういう命の尊さを考えるのが、本当の意味で放生会のあり方なのかもしれない。

環境保全と歴史的価値の向上、そして突きつけられた生死の取り扱いを念頭に置き時代に即していく。慣習をあらため、生まれ変わった宗教行事は、末永く多くの人が集うようになると切に願いたい。

一人一切人
一切人一人

Movie of Eizoshi Tenpyo no Inori/Koichi Hozan

離れてつながる

インターネットが相棒になり、広い世界を近くに引き寄せてくれた。顔の見えない人と情報交換をし、パソコンの前にいながら買い物もできる。要は、家から一歩も出なくても、事足りてしまうのだから、ネットは一人に一つの世界を与えてくれた、そう大げさに言っても違和感はない。

新型コロナウイルスが蔓延《まんえん》し、日常が大きく変化した。とくにテレワークという在宅勤務は、新しい社会経済を構築したように思う。会議や商談、名刺交換までオンラインなのだから、先々の働き方を考えた人は多いだろう。

当然、そのような状況を鑑《かんが》みて、社寺もリモート参拝などの工夫を試みることになった。「お寺がリモート?」当初驚きの声もあがっていたが、古来より遥拝《ようはい》という、遠く離れた場所から神仏を拝むという作法がある。また社寺は東西南北天地に祈りを捧げ続けてきた。そういう普遍性もあってか、とりわけ瞠目《どうもく》することはなかった。

最新技術という新しい手を繰り出し、離れていても心に寄り添う動きは、信仰のバリアフリー化を大きく促進させたと感じる。こちらも二の足を踏んではいられないと、状況に即することを理念とし、日本経済新聞社と手を組み「日経ＶＲ」※の配信をスタートさせたところ、ＶＲを利用しての社会参加には大きな反響があった。

しかし、お寺の空間的要素を体感することができるという優れものにも課題はあって、画面越しに向き合う尊像は参拝なのか、それとも鑑賞か。線引きが実に難しく、結局はそれぞれの気持ちに委ねるしかないことは、もう少し考えていく余地を残した。

この先ますます便利になるとリアルな関係が希薄になる心配もある。もちろんネット環境を今さら否定することはできないが、電池が切れ、電波が届かなければつながりも途絶えてしまうことになる。そういった時に頼りになるのは、実存の関わりや人と人をとりまく空気感ではないか。コロナ禍の時世、身近な結びつきを大切にする気づきにもなった。

※日経ＶＲ……３６０度カメラで撮影した伽藍や尊像を体感することができるアプリ。

興福寺略年表

西暦（和暦）	興福寺主要記事	中金堂関連
七一〇（和銅三）年	平城京に遷都。鎌足の子不比等が廐坂寺を平城京に移し、興福寺と称する	中金堂造営（『興福寺供養願文』）供養導師・元興寺行信、呪願同善祐（『南都七大寺巡礼記』）
七一四（和銅七）年		三月、中金堂供養
七二一（養老五）年	八月、元明太上天皇と元正天皇、不比等の一周忌に北円堂を建立（『扶桑略記』など）	
七二六（神亀三）年	七月、聖武天皇、元正太上天皇の病気平癒を願い、東金堂を建立	
七三〇（天平二）年	四月、光明皇后、五重塔を建立（『興福寺流記』など）	
七三四（天平六）年	一月、光明皇后、母橘三千代の一周忌に西金堂を建て釈迦如来像・十大弟子像・八部衆像・金鼓（華原磬）などを造立	
八一三（弘仁四）年	藤原冬嗣、父内麻呂追善のため南円堂を建立（『興福寺流記』など）	
一〇一七（寛仁元）年	六月、雷火により五重塔・東金堂焼失	
一〇三一（長元四）年	十月、五重塔・東金堂を供養	
一〇四六（永承元）年	十二月、民家火災からの飛火により、北円堂・倉を除く諸堂焼失（『扶桑略記』など）	
一〇四八（永承三）年	三月、講堂・南円堂等供養	三月二日、中金堂供養（導師三井寺明尊、呪願東大寺深覚、五百僧供養）
一〇四九（永承四）年	二月、北円堂等焼失	

一〇六〇（康平三）年		五月、中金堂の燈明からの出火により中金堂など焼失
一〇六七（治暦三）年		二月二五日、中金堂などを供養（供養導師三井寺明尊、呪願東大寺有慶、三百僧供養（『南都七大寺巡礼記』））
一〇七八（承暦二）年	一月、西金堂・五重塔を供養（『扶桑略記』『僧綱補任』など）	
一〇九二（寛治六）年	一月、北円堂・食堂を供養（『扶桑略記』『為房卿記』など）	
一〇九六（嘉保三）年		九月、三面僧坊からの出火により中金堂など焼失（『中右記』・『後二條師通記』）
一一〇三（康和五）年		七月二五日、中金堂などを供養（中金堂供養導師當寺別當覚信・呪願三井寺良意・三百僧供養）
一一四三（康治二）年	十二月、皇嘉門院聖子、三重塔を建立	
一一八〇（治承四）年	十二月二八日、平重衡の兵火により諸堂全焼	
一一八二（寿永元）年	八月、東金堂・西金堂を上棟	
一一八六（文治二）年	十月、講堂・食堂を再建	
一一八七（文治三）年	三月、山田寺三尊像を東金堂本尊とする	
一一八九（文治五）年	九月、南円堂不空羂索観音・四天王・法相六祖像（仏師康慶）を開眼供養、信円が別当を退任	
一一九四（建久五）年		九月二二日、中金堂供養（中金堂供養導師當寺別當覚憲・呪願三井寺實慶）（『百錬抄』『玉葉』）
一二〇〇（正治二）年	このころ五重塔を再建	
一二〇八（承元二）年	十二月、北円堂弥勒如来・無著・世親像などを造り始める（仏師運慶等）	

西暦（和歴）	興福寺主要記事	中金堂関連
一二一〇（正元四）年	北円堂を再建	
一二七七（建治三）年		七月、雷火により中金堂など焼失（『興福寺略年代記』他）
一三〇〇（正安二）年		十二月、中金堂供養（『続史愚抄』）（供養導師當寺別當慈信、呪願延暦寺源恵、三百僧供養）
一三二七（嘉暦二）年		三月、大乗院と一乗院との抗争により中金堂など焼失（『法隆寺別当次第』）
一三五六（文和五）年	二月、五重塔への雷火により五重塔・東金堂焼失	
一三六八（応安元）年	六月、東金堂を上棟	
一三七五（永和元）年	六月、五重塔を立柱	
一三九九（応永六）年		三月十一日 足利義満が中金堂再建法要に参列する（『寺門事条々聞書』） （中金堂供養導師當寺別当良昭。呪願延暦寺尊道〈『南都七大寺巡礼記』〉）
一四一一（応永一八）年	閏十月、五重塔への雷火により五重塔・東金堂焼失。	
一四一五（応永二二）年	六月、東金堂を再建	
一四二六（応永三三）年	六月、五重塔を上棟	
一七一七（享保二）年	一月四日、講堂からの出火により伽藍の西半分を焼失	
一七四一（寛保元）年	四月、南円堂立柱	

一八一九（文政二）年		九月、仮堂としての中金堂を建立
一八六八（慶応四）年	四月、興福寺僧門跡以下復飾、春日新神司・新社司として春日社に参仕	
一八七一（明治四）年	一月、社寺領上知令により境内地の多くと中金堂・食堂・大湯屋・東室等が没収	
一八八一（明治一四）年	二月、興福寺の再興を許可	
一九〇二（明治三五）年	四月、阿修羅像をはじめ八部衆像など国宝指定（十大弟子像などは前年に指定）	
一九五九（昭和三四）年	三月、食堂・細殿跡に文化財収蔵庫（国宝館）を建設	
一九七四（昭和四九）年		十一月、講堂跡に薬師寺旧金堂を移建し仮金堂とする　現・仮講堂
一九九七（平成九）年	四月、南円堂平成大修理落慶奉告法要（五日～七日）	
二〇〇〇（平成一二）年		五月二三日、文政仮堂解体法要（八月から解体）
二〇〇九（平成二一）年	三月・七月、東京国立博物館・九州国立博物館において創建一三〇〇年記念「国宝 阿修羅展」を開催	
二〇一三（平成二五）年	九月、東京藝術大学大学美術館において創建一三〇〇年記念「国宝興福寺仏頭展」を開催	
二〇一七（平成二九）年	九月、東京国立博物館において興福寺中金堂再建記念「運慶展」を開催	
二〇一八（平成三〇）年		中金堂再建落慶奉告法要（十月七～十一日）

興福寺中金堂落慶記念冊子略年表より抜粋して一部編集

著者

辻明俊（つじ　みょうしゅん）

1977年生まれ、奈良県出身。2000年に興福寺入山。2011年に一生に一度しか受けることを許されない「竪義（りゅうぎ）」を無事に終え、2012年から興福寺・常如院住職。2004年から広報や企画事業を担当し、2009年「国宝 阿修羅展」をはじめ、2013年「国宝 興福寺仏頭展」、2017年「興福寺の寺宝と畠中光享展」「運慶展」を担う。2013年、駅弁を監修し、日経トレンディ「ご当地ヒット賞」を受賞したほか、2014年、三島食品（広島市）と共同開発した「精進ふりかけ」がiTQi（国際味覚審査機構）の審査で、ふりかけとしては世界で初めて三ツ星を受賞する。共著に『お坊さんに聞く108の智慧』（京都造形芸術大学 東北芸術工科大学 出版局 藝術学舎）がある。現在は興福寺・執事兼境内管理室長。

DVD制作

保山耕一（ほざん　こういち）

1963年生まれ、奈良県在住。フリーランステレビカメラマン、映像作家。第7回水木十五堂賞、第24回奈良新聞文化賞受賞。

公式サイト

https://hozankoichi.wixsite.com/profile/

興福寺の365日

2020年10月19日　初版第一刷発行

著　者　辻明俊

映像・写真　保山耕一

発行者　内山正之

発行所　株式会社西日本出版社

〒564-0044　大阪府吹田市南金田1-8-25-402

［営業・受注センター］

〒564-0044　大阪府吹田市南金田1-11-11-202

Tel06-6338-3078 fax06-6310-7057

郵便振替口座番号　00980-4-181121

http://www.jimotonohon.com/

ディレクション　酒井ゆう（micro fish）

編　集　北村佳菜（micro fish）

装　丁　平林亜紀（micro fish）

校　閲　室田弘（パルフェ校閲室）

印刷・製本　株式会社光邦

ISBN978-4-908443-53-4